知っているようで知らない

イラスト図解

金利のしくみ

久保田博幸

池田書店

はじめに

今こそ、金利について知るべきとき

　選挙の立候補者の選挙演説を見かけて
「やっぱり景気が問題だよ。経済対策には力を入れてほしい」
と強く願ったことがある人は多いでしょう。
　でも、どういう経済対策なら期待できるかは、よくわからなかったりしませんか。

　毎日、朝のテレビニュース番組で金利の数値が報道されるのを見て、
「長期金利が上がったのか……。どういうことだろう」
　少し疑問を持つも、調べることもせず、何となく流してしまうことはありませんか。

　マイホームの購入を考えているときに、
「固定金利と変動金利はどちらがよいのだろう」
　何をどう考えればよいか、今ひとつわからずモヤモヤした経験を持つ人もいるでしょう。

　日銀総裁の記者会見やニュース番組での討論の際、また日常会話でも、「金利」について話題にのぼることは頻繁にあります。
　特に最近は、「マイナス金利政策の解除」「政策金利引き上げ」などがさかんに報道されていることもあり、「金利」という単語を見聞きする機会が多いのではないでしょうか。

　しかし今ひとつ、金利のしくみがつかめない。
　金利が経済全体や自分の生活にどう影響するのだろう。
　何となくスルーしてきたけれど、ちゃんと知っておいたほうがよいのだろうな……。
　そう思っている人が多いように感じています。

私たち日本人は長い間、金利が付かない時代を過ごしてきました。

　金利に光が当たらない時代が長く続いたことで、私たちの金利への関心は薄れてしまったのではないでしょうか。

　いわゆるゼロ金利政策が採用された当時、社会人になった若者は、社会人生活のほとんどを「金利がない状態」で過ごしています。

　そのため、日本人の多くが、「金利は付かないものと思っている」「金利と物価、金利と景気の関係なんて知らない」「金利のある生活のイメージができない」としても、仕方がないことではないでしょうか。
　政策金利、無担保コール、マイナス金利など、「聞いたことはあるけれど、意味はよく知らない」としても、当たり前なのかもしれません。

　しかし今後、金利は上がると見られます。「金利のある世界」という、多くの日本人が経験したことのない、未知の世界に突入していくわけです。
　なぜ、金利が付くようになるのか、金利が付くことで経済にどんな影響があるのか、生活はどう変わるのかなど、これまでのように無関心ではいられません。

　さらに、これから来る世界は、過去の世界とはまったく別物です。国債残高は膨れ上がりましたし、政府と日銀の姿勢、関係も変わっています。
　過去に「金利のある世界」を経験した人も、今一度、金利について学び直す必要があるでしょう。私たちを取り巻く状況を整理して、新しい時代に対応しなければなりません。

　本書は、金利を取り巻く用語の意味を理解し、金利についての基礎知識を得てもらうことを目的としています。
　金利とは何なのか。
　金利について考えることで、今後の生活、仕事、経済についての読者の疑問を解消する一助になれば幸いです。

2024年9月23日

久保田 博幸

特集
金融政策が正常化された今後はどうなる？

　2024年9月27日の自民党総裁選で、**石破茂氏**が**自民党総裁**に就任することが決まりました。
　その後、10月1日の衆参両院本会議での首相指名選挙で、自民党の石破総裁が**第102代首相**に選出されました。

　決選投票では高市早苗氏が優位と予想されていましたが、議員票を多く上積みした石破氏が逆転勝利となりました。
　「高市氏では総選挙に勝てない」との見方が国会議員の間に広がったことも要因と見られています。靖国参拝による外交問題なども指摘されていました。

　私は、これらはもちろんですが、高市氏が「金利を今、上げるのはあほやと思う」という発言も影響したのではないか、と考えています。

🌱正常化を望む市場関係者

＊日銀
126ページ参照

＊政策決定会合
136ページ参照

＊マイナス金利の解除
205ページ参照

　2024年3月19日、**日銀＊**は**政策決定会合＊**で**マイナス金利の解除＊**を決めました。長く続いた低金利の時代から、17年ぶりの**利上げ**を行ったわけです。
　自民党総裁選は、「追加の利上げはどうなるのか？」と市場関係者が見守る中で行われたと言えます。

　この状況での高市氏の発言は、「これ以上の利上げは阻止する」と表明したように思えました。
　この利上げ阻止姿勢に反対した人が石破氏に投票したと見

ることもできます。

「金利を抑えれば、景気や物価が良くなる」と信じて行われたのが**アベノミクス**＊です。

このアベノミクスによって日銀は異次元緩和に追い込まれ、短期金利はマイナスとなりました。長期金利も抑え込まれています。

＊アベノミクス
188ページ参照

しかし、極端な低金利は本当に正しい政策だったのでしょうか。

そして、それを継承するのが正しい選択なのでしょうか。

🌱 金融政策の正常化の背景

日銀が2024年3月19日に決定した金融政策の大きな変更は、アベノミクスによる**異次元の金融緩和**から、**普通の金融緩和**にしたものでした。

この結果、やっと日本では金利のない世界から金利ある世界に戻りました。

金融政策の正常化に向きを変え、「普通の金融政策」に戻したわけです。金融政策の正常化と言えます。

しかし植田和男総裁は「正常化」という表現は使いたくないようです。会見では「普通の金融政策」としていました。意味としてはほぼ同じでしょう。

私は、2013年4月に量的・質的緩和政策を決定した時点から、金融政策の正常化を願っていました。しかし、それから11年も経過してしまいました。

2024年に正常化できたのは、さまざまな社会的変化があります。
2022年あたりから世界的な**物価高**が日本にも波及しました。2023年4月には**日銀総裁**が植田氏に代わります。**賃金の上昇**、安倍派の解体など**政治情勢の変化**も、金融政策の正常化を手伝いました。

このまま普通の金融政策に戻って、物価も高い水準が維持されれば、次のステップは**利上げ**です。
実際に7月31日の金融政策決定会合で日銀は政策金利を0.25％に引き上げました。
市場関係者は、次の利上げがどうなるかに注目しています。

今後の注目ポイントと注意点

石破首相は、高市氏と違って日銀が正常化を進めることに対して反対はしないと考えられています。
だとすれば、2025年中にも追加利上げが決定される可能性があります。日銀の見通しに大きなマイナス変化がないことが確認できれば、来年は政策金利の1％に向けた利上げも予想されます。

このような流れの中で、私たちが注意すべきなのは、長きにわたる低金利の経験から作られた「金利は上がらない」という私たちの**ノルム**＊ではないでしょうか。

ノルム
アメリカの経済学者アーサー・オーカンが提唱した社会的な習慣や規範意識のこと。世間相場など、多くの人が当たり前と考える水準がノルムとして形成され、それが実現されていく。

「長きにわたるデフレの経験から、賃金や物価が上がらないことを前提とした考え方や慣行、いわゆる『ノルム』が根強く残っていた」

これは、日銀前総裁の黒田東彦(はるひこ)氏の発言です。
黒田氏は、在任中に物価安定目標が達成できなかった背景にノルムの存在を挙げていました。

2022年以降の物価高、賃金上昇は世界的な情勢変化によってもたらされました。この事実を見ると、物価の上昇を抑制していたのは本当にノルムが原因だったのか、疑問が残ります。
しかし、私たちに「金利は上がらない」というノルムが残ったことは確かです。

しかし、金利は状況に応じて上がったり、下がったりします。長らく続いた低金利時代に固まってしまったノルムを捨てなければいけません。これからは、状況に応じた柔軟な対応をしていくことが必要です。

はじめに　今こそ、金利について知るべきとき……… 2
特集　金融政策が正常化された今後はどうなる？……… 4

第1章　金利とは何か

- 1-1　どうして金利が存在するのか……… 14
- 1-2　金利はどのようにして生まれたか……… 18
- 1-3　金利は「経済の体温計」とも呼ばれている……… 22
- 1-4　利子と利息に意味の違いはある？……… 26
- 1-5　単利と複利では計算の仕方が異なる……… 30
- 1-6　銀行や住宅ローンの金利のしくみ……… 33
- 1-7　短期金利と長期金利の違い……… 36
- 1-8　世界的な物価高が金利に与えた影響……… 38

第2章　金利が生活に与える影響

- 2-1　住宅ローン金利の3つのタイプ……… 42
- 2-2　住宅ローン計算のしくみ……… 46
- 2-3　住宅ローン金利は今後どうなる？……… 48
- 2-4　預貯金金利は今後どうなる？……… 50
- 2-5　金利商品を買うタイミングとは……… 53
- 2-6　個人向け国債は資産運用に有利な商品……… 56
- 2-7　国債の利回りの計算方法……… 60
- 2-8　金利の動きから見る投資先の選択基準……… 63

第 3 章 短期金利と長期金利の違いと特徴

- 3-1 短期金利と無担保コールレート …………… 68
- 3-2 債券とは何か …………… 74
- 3-3 長期金利は市場で形成される …………… 77
- 3-4 債券の「利回り」と「価格」は反対に動く …… 81
- 3-5 イールドカーブとは何か …………… 86

第 4 章 金利はどのように決まるのか

- 4-1 金利変動の主要因はファンダメンタルズ ………… 90
- 4-2 物価動向と金利はどんな関係？ …………… 92
- 4-3 中央銀行の金融政策の流れを知ろう …………… 95
- 4-4 国の債務である国債は金利と大いに関係する …… 99
- 4-5 債券の格付けは金利に影響を与える …………… 101
- 4-6 海外の金利動向などに影響を受けるのか？ …… 104

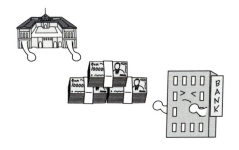

第5章 投資と金利の関係

- 5-1 適切な金利の読みが資金運用には必要 ……… 108
- 5-2 債券の売買に具体的な市場はない ……… 110
- 5-3 投資家と業者は債券売買の中心的存在 ……… 113
- 5-4 金利と外為市場に関係はあるのか？ ……… 118
- 5-5 金利と株式市場に関係はあるのか？ ……… 120
- 5-6 金利の動きと設備投資に関係はあるのか？ ……… 122

第6章 日本銀行と政策金利

- 6-1 中央銀行の役割を日銀を通して考える ……… 126
- 6-2 日本銀行は何をしているのか ……… 129
- 6-3 日本銀行が設立された流れを知ろう ……… 132
- 6-4 政策委員会と金融政策決定会合 ……… 136
- 6-5 日銀のオペレーションとは何をしているのか？ ……… 139

第 7 章　欧米の中央銀行

- 7-1　米国の中央銀行FRBの設立 …… 144
- 7-2　FRBの目的と組織の特徴を知ろう …… 148
- 7-3　連邦公開市場委員会（FOMC）とは何か？ …… 151
- 7-4　FRBのオペレーションはどのようなものか？ …… 155
- 7-5　国をまたいだ中央銀行（ECB）の誕生 …… 158
- 7-6　ECBの金融政策を決定する政策理事会 …… 164
- 7-7　ECBが行うオペレーション …… 167
- 7-8　世界で二番目に古いイングランド銀行 …… 171
- 7-9　イングランド銀行の目的と組織 …… 175
- 7-10　イングランド銀行のオペレーション …… 178

第 8 章　日本のゼロ金利政策とは何だったのか

- 8-1　バブル崩壊前後の日銀の政策金利 …… 182
- 8-2　金利が消滅した日銀のゼロ金利政策 …… 185
- 8-3　日銀の異次元緩和とは何だったのか …… 188
- 8-4　長期金利でさえも喪失させた日銀 …… 191
- 8-5　ウクライナ侵攻による物価上昇への対応 …… 194
- 8-6　日銀の長期金利抑え込み …… 198
- 8-7　日銀新総裁とイールドカーブ・コントロール …… 202
- 8-8　"普通"の金融政策に戻した日銀 …… 205

第9章 金利の謎を解き明かす

- **9-1** 金利を動かす金融政策は万能ではない……… 210
- **9-2** 中央銀行の独立性と政治を無視できない金利… 213
- **9-3** 金利が失われた17年と引き上げによる影響…… 216
- **9-4** 今後の金利の動きはどうなるか……………… 219

おわりに　金利のある新たな世界へ……………………… 221

※本書の情報は2024年10月時点のものです

第 1 章

金利とは何か

1-1 どうして金利が存在するのか

経済成長に欠かせない資金調達には、利子がついて回ります。
利子はお金を貸し借りするときの価値であり、お金の貸し手と借り手の間でバランスをとる役割があります。

お金は、私たちの日常生活に必ず存在しているものです。私たちは仕事をするなどしてお金を手に入れ、そのお金を使って生活したり、レジャーを楽しんだりします。

銀行に預金して将来に備えたり、マイホームを買って住宅ローンを組んだりすることもあります。このときに必ずと言っていいほど話題になるのが利子です。

ではなぜ、お金を貸し借りする際に利子が必要なのでしょうか。

必要に迫られてできたお金

利子について考える前に、まずはお金の存在意義について考えてみましょう。そもそもお金とはいったい何なのでしょうか。

現在、私たちが使っている貨幣や紙幣などの「お金」は、人類の歴史において必要に迫られてできたものです。特にお金の持つ価値尺度や交換手段は人類の経済活動とともに発展してきました。

財やモノの交換においては、その交換比率を決める必要があります。

たとえば、米と魚のように2種類の財物の交換取引であれば、価格はひとつですみます。

14

しかし、経済活動が発展し、交易の範囲が広がれば広がるほど、交換するモノが加速度的に多くなってしまいます。そこで取引の煩雑さを避けて円滑化を図るための価値基準として登場したのが**お金**です。

つまり、お金はモノを交換するのにたいへん便利なツールだったわけです。

金融の登場と利子の必然性

ところが次第に、モノとの交換取引だけではなく、「お金」そのものを貸し借りする必要が出てきました。これが、お金を融通し合うこと、つまり**金融**です。このお金を貸し借りする際、お金そのものの価値を測るものとして**金利***が使われるようになったのです。

金利
預金額、借入額に対してどれぐらい利子・利息が付くか、その割合のこと。

ここで**利子**がなぜ存在するかを考えてみましょう。

たとえば**企業**が新しい商品を製造・販売したいときには、設備投資などの巨額な資金が必要となります。どんなによいアイデアも、先立つお金がなければ実現することができません。そのためには、**銀行**からお金を借りる必要があります。

しかし、お金を貸す側の**銀行**も、その資金をどこからか用意しなければいけません。その原資のひとつとなるのが私たちから預かったお金、つまり**預金**です。

私たちは利子が付かなければ銀行にお金を預ける意欲もなくなります。

さらに銀行も儲けを得る必要がありますから、お金に利子をつけて貸すことになります。つまり、利子がなければこの金融のしくみが成り立たないのです。

利子がないお金の貸し借りもある

私たちは、お金を貸す際には金利を付けること、お金を借りる際には金利を払うことを当然のように考えています。

しかし、たとえば身近な人と少額のお金や物を貸し借りする際は、金利を求めたり、払ったりしないケースもあります。

歴史を見ても、聖書などでは利子を否定する教えが存在します。イスラム教では利子を取ることそのものが禁じられているため、利子ではなく、商品取引などから生じる「利益や投資を行った結果の配当」といった形態がとられているようです。

間接金融と直接金融

私たちからお金を預かった**銀行**は、さらに高い金利を付けて企業などに貸し付けます。これが**間接金融**と呼ばれるものです。つまり、間接金融は**お金を借りる人（企業）**と**お金を貸す人（預金者）**の間に、**第三者（銀行）**がいる取引形態のことを言います。

お金を借りた企業は、それを資金にして、設備投資などの投資活動を行い、利潤を追求していくのです。

間接金融に対して、銀行などを通さずに、企業などが債券の発行を通じて資金調達を行う方法を**直接金融**と言います。つまり、**お金を借りる人（企業）**と**お金を貸す人（投資家）**が直接お金の貸し借りをする形態のことです。

直接金融の場合は、投資家が貸し倒れリスクなどを負うことになります。そのため、同じ期間で比べた際、通常は預貯

金金利より債券の金利のほうが高くなります。

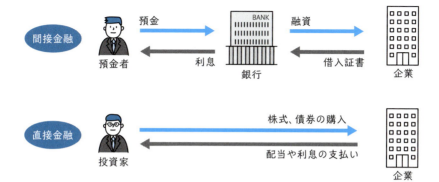

　経済活動がより大きくなればなるほど、投資活動は活発化します。そして、それに見合った預金という裏付けも必要となります。

　その預金を誘導するのが金利であり、お金の貸し手と借り手の間でのバランスをとる役割となっているのが金利なのです。

▶ お金を貸し借りするときの価値を表すのが金利
▶ 企業の資金調達には間接金融と直接金融がある
▶ 一般的に間接金融より直接金融のほうが金利が高くなる

1-2 金利はどのようにして生まれたか

[人類の歴史の中で金利がどう生まれたのか、世界史・日本史からひもといていくと、金利の必然性を感じることができます。]

世界史の中での金利の起源は、かなり古いものです。古代文明発祥の地のひとつとされているメソポタミアまでさかのぼると言われます。

メソポタミア文明で生まれた利子

メソポタミア文明の時代、すでに寺院や土地所有者による利子付きの貸出しが行われていました。

そもそもの利子の起源は、農業が始まった頃の種籾*の貸借りによるものとされています。

> 種籾
> 稲を栽培する目的で選んで保存しておく籾のこと。

神殿などが蓄えた種籾を農民に貸し出し、農民は借りた種籾を田畑にまき、育てました。収穫後は、借りた種籾の量に3割程度上乗せして神殿に返済するしくみです。これが利子の始まりとされています。

このしくみは商人にも広まっていきます。当時、メソポタミアの古代都市バビロンの商人は遠方との交易を活発に行っていました。当然、資金が必要ですから、バビロンの金持ちは妻子や財産を担保にとって商売の資金を貸し付けていました。

バビロンのエギビ家では他人から預金を受け入れて、それを使うのではなく、自己の資金から貸付けを行っていたとい

う記録もあります。

　このように、メソポタミア文明では利子のしくみで経済活動が成り立っていたため、メソポタミア文明の象徴とされる**ハンムラビ法典***でも銀の貸付利率の上限を20％と定めるほどでした。

　借り手に銀がないときは「銀対穀物の交換レートに従って穀物で支払うことができる」とも記されています。

　当時のバビロンでは、すでに**複利***による利子の計算が行われていたと言われています。

> **ハンムラビ法典**
> 紀元前1770年頃に作られた法典。バビロニアのハンムラビ王によって、刑罰・土地所有・財産相続などについて規定された。
>
> ***複利**
> 30ページ参照

古代ギリシャにおける利子

　古代ギリシャの哲学者**アリストテレス**は、「憎んで最も当然なのは高利貸しである」と、商品を媒介せずに**利子**をとる貨幣の貸し付けを批判したと言われています。

　すでにギリシャでは安全な保管を目的に、貨幣と地金の預託を受け入れ、契約により決まった一定の利息を支払うという個人商人が生まれていたのです。

アリストテレス＆クセノフォン

　アリストテレスをはじめとして哲学者の多くが利子に対して批判的な見方をしていたのに対し、**ソクラテス**の弟子である**クセノフォン***は利子に対して好意的に見ていました。すべてのアテネ市民が利息収入を共有できる安全保管機関を設立しようとしていたと言われています。

> **クセノフォン**
> 古代ギリシャ、アテネの哲学者、軍人。『ソクラテスの思い出』などの著書がある。

第1章　金利とは何か

> **economy（経済）の語源は？**
>
> 英単語economyの語源となったギリシャ語「オイコノミア」は、このクセノフォンが用いたものです。オイコノミアは、「家」を意味するギリシャ語の「oikos」と、「法律・法則」を意味する「nomos」が合成されたものです。

聖書にも描かれた利子

旧約聖書では、貧者と同胞への利子は禁じていますが、お金を貸すことや利子を取ること自体は禁じられてはいません。しかし、利子を取ることは、ギリシャの哲学者たちと同様、あまり好意的には受け取られていなかったようです。

新約聖書の中には「イルサレムの神殿にはそこを訪れる商人のために貨幣を両替し、預けられたいかなる貨幣にも利息を支払う両替商人がいた」との記述があります。

共和政および帝政ローマ時代にはすでに**両替商**がおり、国家や貴族のための税金の処理や、債権者との貸借勘定の決済などを行っていました。貨幣を扱う商人は、預けられた貨幣に対して利子を支払い、両替にも従事していたのです。

日本とアジアにおける利子

世界史の中の金利の起源と同様に、日本における金利の起源も稲の貸し借りである**出挙**と言われています。出挙は、貯蔵した初穂の稲を春に種籾として貸し出して、秋の収穫時に神へのお礼として五把の稲を利息の名目でお返しすることです。

出挙は、農民の生活を維持していくことを目的としていました。出挙には国司が官稲を用いて行う**公出挙**と、個人が行う**私出挙**とがあります。

出挙は律令制のもとで国家の重要な財源となっていきまし

> **出挙**
> 古代から中世の日本に見られた利子付きの貸借制度。中国の隋・唐の制度を採用したと言われている。返却できず、逃亡する者もいたようだ。

た。煩雑な事務を行わなくとも、強制的な公出挙を行えるために、多額の収入を確保できたことが理由のひとつです。

金利にあたる雑税は「利稲」と呼ばれていましたが、その利息は一般に公出挙で50％という高い利息でした。

記録に残されている利子付き貸借制度

日本書紀には「貸稲」の語が登場しています。これが出挙の前身ではないかとの見方もありますが、実際には757年に施行された「養老令」で「出挙」の語が使われています。これが、制度化された日本の金利の起源だとみなされています。

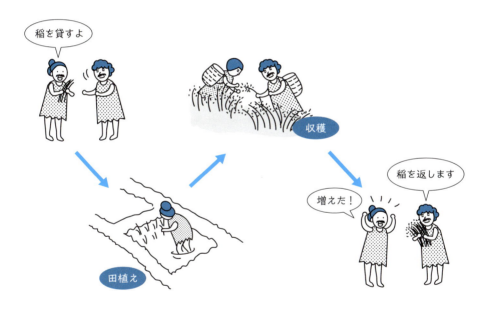

> ▷ メソポタミア文明で利子、利息が生まれている
> ▷ 古代ギリシャでは利子が広まっていた
> ▷ 日本では出挙が金利の起源と言われている

1-3 金利は「経済の体温計」とも呼ばれている

経済社会おいて金利は必要不可欠な存在であり、同時に経済状況を測るモノサシの役割も果たしています。そのため、「金利は経済の体温計」と言われることがあります。

経済社会において、金利が必要不可欠な存在であることは理解できたでしょう。ここで改めて、経済と銀行の関係を見てみましょう。

利子で資金を集め、貸し付けて利子を付ける

そもそも、経済の成長には資金が必要です。商品を開発する資金、材料を購入する資金、製造する資金、流通させる資金など、巨大な資金が必要になります。

企業が活動資金を集める方策のひとつに、「銀行から融資を受ける」があります。銀行からお金を借りるわけです。

では、その銀行はどうやって貸し付けるお金を用意しているのでしょうか。**銀行の貸付資金は、私たちの預金です。**つまり銀行は、企業や個人が預金を多く預ければ、その分、潤沢な資金を持つことができるようになります。

そのため、**銀行は預金に対して利子を付けています。**

利子がなければ、私たちは銀行にお金を預ける意欲がなくなるからです。

利子がないために私たちが預金をしなければ、銀行の資金力が落ちることになります。

A銀行のほうが金利が高いからな

金利なき時代でも人は貯蓄する？

2016年1月から2024年3月は、日銀のマイナス金利*時代、いわゆる「金利なき時代」でした。

この金利なき時代、貯蓄額は減少したのでしょうか。実は、そうではありません。実際には、銀行の貯蓄額は減少しませんでした。

理由として考えられるのは、物価が上がらず金利は付かないという意識が強かったこと、決済などの利便性や金庫代わりに置いておく、などが考えられます。

私たちが貯蓄をする理由は、利子を求めているだけではないということでしょう。

ただ、その間、銀行などの金融機関は、借入（預金）金利と貸出金利の鞘、いわゆる利ざやが取れず、「銀行の冬の時代」などとも称されていました。

銀行は売上が減る分、ATMの利用手数料など、手数料収入を得ようとします。

しかしそれは、私たち利用者の負担が大きくなることでもありました。

経済状況の指標となる金利

＊日銀のマイナス金利
97ページ参照

「金利は経済の体温」「金利は経済の体温計」といった表現が使われることがあります。

先行きの景気が良くなりそうなら金利が上がり、景気が悪くなりそうなら金利が下がる傾向があるためです。

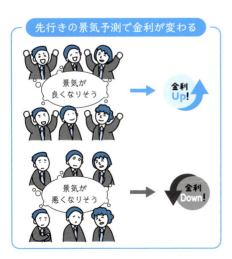

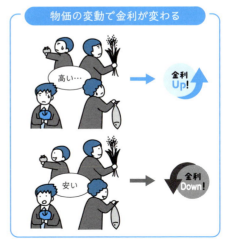

これは物価にも当てはまり、**物価が上がると金利も上がり、物価が下がると金利は下がる傾向**があります。

なぜ、金利が景気や物価と連動する傾向にあるのか、流れは次のようなものです。

まず、景気が良くなると企業の業績が改善します。景気の波に乗ってさらに売上を伸ばすため、設備投資を考える企業が増えるでしょう。

資金需要が増えますから、資金を貸し出す側は高い金利を提示するようになり、金利が上がるわけです。これが、景気と金利の関係です。

一方、物価の面を考えてみましょう。景気が良くなるということは、消費が増えてモノの需要が増えるということです。当然、物価は上昇傾向になります。物価が上がると金利も上がるのは、これが背景にあります。

物価の上昇が急激な場合は、中央銀行が政策金利を上げて物価の上昇を抑えようとします。

金利が経済や物価の状態を反映していない

　左ページで紹介したように、通常は物価が上がると金利も上がります。

　しかし、2016年以来ゼロ金利政策をとっていた日銀は、物価が上がっても政策金利を上げることに躊躇していました。

　その重い腰をやっと上げたのが2024年3月19日に決定したマイナス金利政策の解除だったのです。今後、金利は本来の機能を取り戻すことになると予想されます。

　ちなみに、これに先立つ2023年12月18日、経団連の十倉雅和会長は記者会見で、「金利は経済の体温と言われ、経済の健康状態がどうなのかを測るものなので、できるだけ早く正常化すべきだ」と述べました。

　これは、日銀が早期に金融政策の正常化に動くべきだという考えを示したものです。

　物価が上昇しているにもかかわらず、日銀が強力な金融緩和を続けていたため、「金利が経済や物価の状態を反映していない」と警告を発したと見られています。

▷ 景気が良くなると金利が上がり、景気が悪くなると金利が下がる
▷ 物価が上がると金利も上がり、下がると金利も下がる

1-4 利子と利息に意味の違いはある？

金利にまつわる用語は似たものが多くあります。金利と利率、利子と利息、利回りなどです。それぞれの言葉の意味をしっかり理解して、正しく使えるようにしましょう。

銀行など金融機関のサービスを見ていると、金利にまつわる言葉がいろいろ出てきます。金利はもちろんですが、利子、利息、利率が主なものです。

🌱 金利と利率

金利と利率はどちらも預けたお金・貸し借りしたお金に毎年払われる金利の割合を示したものです。割合ですから％で表されます。

金利、利率の意味は同じですが、使われ方は少し異なります。金利は「定期預金の金利」など金融商品の収益率について使われることもありますが、「ユーロ圏の政策金利」「市場金利」など経済全体について指すことも多くあります。

一方、利率は「定期預金の利率」など金融商品の収益率についてのみ使うのが一般的です。

さらに、金融機関によっても微妙に表現が異なります。
たとえば、銀行預金は主に「預金金利」、ゆうちょ銀行は「適用金利」という用語を使っています。

金利は、通常1年あたりの利息の割合のことを示しています。そのため1年あたりの利息割合を表す際には年利とも呼ばれます。

🌱 利子と利息

利子と利息もほとんど同じ意味で、法律上にも厳密な区分はありません。**どちらも預けたお金・貸し借りしたお金に対する金利で算出された額**のことです。

ただし、預けたお金、借りたお金に支払うものを利子、貸した場合に受け取るものを利息と使い分けることがあります。

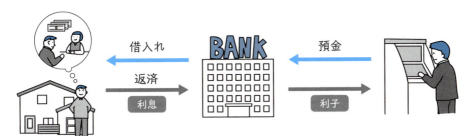

調べてみると、財務省のサイトで国債については「お支払いする**利子**」、ゆうちょ銀行なども貯金に対しては「**利子**」と表現しています。

これに対して、銀行の住宅ローンには「保証料**利息**組込み型」という用語があります。

国債や貯金は国やゆうちょ銀行が借り入れるものなのでそこで支払われるのが利子、住宅ローンは銀行が資金を貸すものなのでそこで受け取るのが利息というわけです。

🌱 債券の利率・利子

債券の利率は額面金額100円に対して、毎年受け取る利子・利息の割合を示しています。

ここで注意点があります。「額面金額100円に対して」という部分です。

たとえば銀行預金は通常、預入れ金額と満期に戻ってくる金額が同じです。そのため、預入れ金額をベースに利子を計

> **債券**
> 国や地方公共団体、企業などが投資家から資金を借り入れるために発行する有価証券。国が発行するものを国債、地方公共団体が発行するものを地方債、企業が発行するものを社債という。
> 投資家は、定められた償還日（満期となる日）に額面金額と利子を受け取る。満期前に売買することも可能。

算することができます。預金金利が0.2％の場合、100万円預けると毎年2,000円（税別）の利子が支払われる、という具合です。

ところが債券は有価証券です。ほとんどの場合、払込金額と償還時の金額が一致しません。そのため、払込金額で利子を計算することができないわけです。

債券はあくまで償還金額、つまり額面金額に対して利子が支払われる割合が利率になります。

債券の利回り

> **利回り**
> 利子に加え、買い付けた際の債券価格（時価）と償還額面金額との差額を、残存年数で割って算出される年あたりの差損益を加えたもの。

債券にはもうひとつ**利回り**＊という言葉もあります。債券がもたらす年間あたりの収益のことです。

のちほど債券の価格と利回りが反対に動く理由＊を説明する際にもう少し具体的に説明しますが、ここでは**利率と利回りには違いがある**ことを覚えておいてください。

＊債券の価格と利回りが反対に動く理由
81ページ参照

なお、利回りにはタイミング等で下記のように呼ばれることもあります。

- **応募者利回り**……債券発行時に買い付けた債券の利回り
- **所有期間利回り**、もしくは**流通利回り**……発行された後に買い付けた債券の利回り
- **最終利回り**……償還まで持ち続けた場合の利回り

日歩は１日あたりの利息

日歩（ひぶ）という言葉を聞いたことがありませんか。**日歩は元金に対して１日あたりどの程度の利息が生じるのかを表しています。**

１日あたり100円に対して１銭の利息が付くとしましょう。これは１日あたり0.01％の金利と計算されます（利息0.01

円÷元本100円×100＝0.01％）。

　つまり1万円借りると1日あたり1円の利息が付くわけです。1年365日に換算すると3.65％になります（複利ではなく単利*で計算）。

＊**複利ではなく単利**
30ページ参照

　参考までに、**個人が借入れをする場合には利息制限法によって利息に制限が設けられています。**

　元本が10万円未満の場合は年20％、10万円以上100万円未満の場合は年18％、100万円以上の場合は15％が上限です。この利率を超える利率の約束をしても、その超過部分は無効となります。

▷ 金利・利率は預けたお金・貸したお金に毎年払われる金利の割合
▷ 債券の利率は額面100円に対して毎年受け取る利子の割合

1-5 単利と複利では計算の仕方が異なる

利回りの計算には「単利」と「複利」の2種類があり、それぞれ計算方法が異なります。計算方法を見ながら、それぞれどのような特徴があるかを確認しましょう。

利回りの中でも単利と呼ばれるものは、差損益に利子を加えての年あたりの収益性を示します。

利回りの計算には、もうひとつ複利という方法もあります。付いた利子が元金に取り込まれて再投資され、元金とそれに付いた利子にまた新しい利子が付いていく、というのが複利の考え方です。利子が元本にどんどん取り込まれて、元金が増えていくイメージです。

投資額が大きくなりますので、利率は同じでも利子額は大きくなっていきます。元金が同じなら、単利よりも複利のほ

単利のイメージ
元金は預けた額のまま、
利子は毎年同じ金額

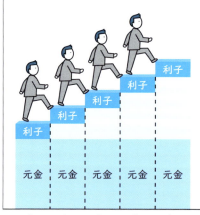

複利のイメージ
利子が元金に加算されるので、
毎年の利子額も増えていく

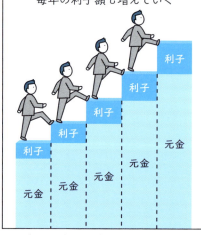

うが金額が大きくなっていくわけです。

このように、複利には時間的な概念も含まれるので、他の金利商品と比較する際、単利よりも収益性が正確に出せるという利点があります。

複利の計算方法と72の法則

具体的な複利の計算式は以下のとおりです。

> 元本×（1＋年利率）^{n}（n＝運用年数）

単利の計算式よりも複雑ですが、複利効果を計算するときには**72の法則***が便利です。「72の法則」とは、複利の際、元本を2倍にする場合の投資期間を概算で求めるための法則のことで、次のように計算します。

> 72÷金利（年利）＝ 資産が2倍になるまでの年数

72の法則を応用して、「決められた期間内で資産を倍にす

72の法則
72の法則を誰が見出したかは知られていない。
文献上で初出されたのは、イタリアの数学者で「会計の父」とも呼ばれるルカ・パチョーリが1494年に出版した『スムマ』と呼ばれる数学書とされている。

例題

年利5％で複利運用した場合、元本が倍になるにはどれぐらいかかる？

72 ÷ 金利 5％＝14.4年

答え **14.4年**

例題

年利0.01％で複利運用した場合、元本が倍になるにはどれぐらいかかる？

72 ÷ 金利 0.01％＝約7,200年

答え **約7,200年**

るためには、どれくらいの利回りが必要か」も算出できます。

> 72÷運用期間 ＝資産を倍にするのに必要な利回り

単利で元金が倍になる年数は？

単利で元金が倍になるまでの計算は、次の計算式で算出できます。
【100÷金利（年利）＝ 資産が2倍になるまでの年数】

年利5％で運用すると100÷5％＝20年です。複利の場合は14.4年ですから、約6年長いことになります。

🌱 日本の債券市場と単利・複利

　日本の債券市場は、世界の債券市場でもやや特異な点がひとつあります。それは、債券の取引において通常、単利が用いられていることです。つまり、売買代金の算出に単利が用いられています。

　ただし、他の金融商品は通常、複利で計算します。そのため、単純に比較できないわけです。

　他の金融商品と比較する際には、複利をベースにして考える必要があります。

▶ 複利は毎年利子額が増えていく
▶ 同じ利率の場合、単利より複利のほうが、資産が増える期間が短くてすむ

1-6 銀行や住宅ローンの金利のしくみ

> 個人や企業が銀行などに預けたお金に付くのが預金金利、銀行などからお金を借りるときに付くのが貸出金利です。また、金利が変わらない固定金利と金利が変動する変動金利があります。

　個人や企業は、銀行などの金融機関に預金をします。このときに付く金利は、個人や企業などお金を預ける側から見ると**預金金利**です。

　銀行側から見ると、個人や企業から資金調達したことになりますので、**調達金利**とも言います（銀行の資金調達には、金融市場＊もあります）。

＊**金融市場**
36ページ参照

　金融機関は、調達したお金を原資として、お金を必要とする個人や企業に貸し出します。このとき付く金利は、**貸出金利**です。

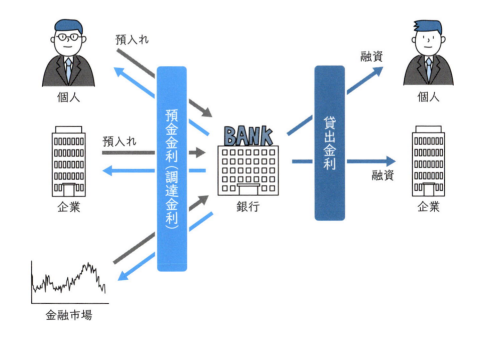

🌱 金利の差額が利ざやになる

　この預金金利と貸出金利は同じではありません。銀行は預金金利より貸出金利を高く設定していて、この差額が銀行の利益になります。これを利ざやと呼ぶこともあります。

　たとえば預金金利を0.1％、貸出金利を1.5％に設定した場合、この差1.4％が銀行にとっての利ざやとなるわけです。

銀行規模による利ざやの違い

　メガバンクは大企業向け融資を中心に行っています。大企業は倒産する可能性が低いため、返済が滞ったり不良債権になったりすることが少ないと考えられます。リスクが低いため、一般的にメガバンクの利ざやは低いと言われています。

　また、大企業はビジネスの規模が大きいので、融資額も大きくなります。利ざやが低くても十分な利益を得ることができることもあります。

　これに対して、中小企業向けの貸出しが中心の地方銀行の利ざやは、メガバンクよりも高い傾向にあると言われています。大企業と比較すると融資額が少なく、また経営が不安定なリスクもあるため、利ざやが高い傾向にあるわけです。

🌱 住宅ローンの固定金利と変動金利

　個人が銀行などにお金を借りて貸出金利を払う代表的な例には、自動車ローンや住宅ローンがあります。企業の場合、投資資金や運転資金を借り入れることが一般的です。

　これら融資に対して付く貸出金利は、大きく固定金利と変動金利の2種類があります。

🌱 固定金利

　約束した利率を、約束した一定期間変えずに利息額を計算する種類の金利です。つまり一定期間、利息額が変わらずに返済を続けます。

　返済する全期間にわたって金利が変わらないタイプもありますが、固定金利となる期間を選択するタイプのものもあります。固定金利期間選択型は2年・3年・5年・10年・20

年など、金利が変わらない期間を選ぶことができます。固定期間の年数の選択肢は金融機関によって異なり、固定期間が短いほど金利が低い傾向にあるのが特徴です。

この固定金利の利率は、10年国債の利回りである長期金利が大きな指標となって決められています。

変動金利

変動金利は、一定の基準に従って利率が変わるタイプです。

金融機関独自で設定される短期プライムレート*などの基準金利に連動して、半年に1度、金利の見直しが行われます。短期プライムレートは日銀の政策金利の影響を受けやすくなっています。

* **短期プライムレート**
42ページ参照

個人向け国債の固定金利と変動金利

個人向け国債には、固定金利型と変動金利型のタイプがあります。

3年と5年の個人向け国債は、当初決められた利率が3年間、5年間、支払われます。

10年の変動タイプは半年ごとに10年国債の利回りの動向を基にして、利率が変化します。

▶ 預金金利より貸出金利のほうが高く、金融機関はその差額(利ざや)を利益とする
▶ 住宅ローンの貸出金利には固定金利と変動金利がある

1-7 短期金利と長期金利の違い

> 金融市場は、取引期間が1年未満か以上かで、短期金融市場と長期金融市場に分けられます。それぞれの金利を、短期金利、長期金利と言います。

右ページのイラストを見てください。左に金融市場があります。**金融市場**とは、銀行と企業、または金融機関同士などで資金を取引する場全体のことを指します。金融商品を取引所や店頭（相対）で売買する場所です。

この金融市場は、**その取引期間が1年未満か、1年以上か**で**短期金融市場**と**長期金融市場（債券市場）**の2つに大きく分けられます。

🌱 1年未満の取引を行う短期金融市場

短期金融市場は期間1年未満の金融取引を行う市場で、**マネーマーケット**とも呼ばれています。銀行などの金融機関や一般の事業法人などが短期の資金を調達・運用する場です。

また、一般に期間1年未満の金利のことを**短期金利***と言います。

*短期金利
68ページ参照

短期金融市場は**日本銀行***が**金融調節**を行う場でもあります。日銀は、**金融政策決定会合**で**金融市場調節方針等**が定められると、その方針を実現するために、日々、**公開市場操作（オープン・マーケット・オペレーション）***などを用いて資金の供給や吸収を行っています。つまり、市場の日々の資金過不足を調節しているわけです。

金利を上げたいときは資金量を減少させ、金利を下げたいときは資金量を増加させて、金利の調節を図っています。

*日本銀行
126ページ参照

*金融政策決定会合
136ページ参照

*公開市場操作（オープン・マーケット・オペレーション）
140ページ参照

なお、短期金融市場は銀行などの金融機関や証券会社、生

命保険会社、損害保険会社など限られた参加者の間で取引が行われる**インターバンク市場***と、一般事業法人なども加わって取引が行われる**オープン市場**に分けられます。

*インターバンク市場とオープン市場
70ページ参照

1年以上の取引を行う長期金融市場

短期金融市場に対して、1年以上の金融取引を行っている市場が長期金融市場です。長期金融市場の代表的なものが債券*なので、**債券市場**とも呼ばれることもあります。

*債券
27ページ参照

また、期間1年以上の金利のことを長期金利と呼んでいます。一般的に、長期金利というときは、直近で発行された10年国債の利回りを指します。マスコミで長期金利について報じられるのも、債券市場で取引された10年国債の利回りです。

金融政策によって上下動する短期金利と違い、長期金利は市場で形成され、経済や物価動向などに影響を受けやすい特徴があり、住宅ローンなどその他の金利にも影響します。

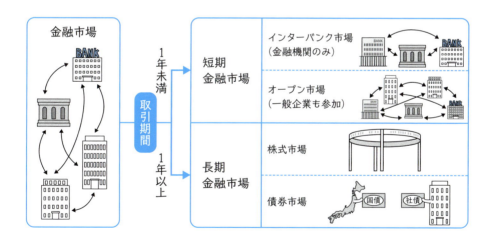

▶ 金融市場には短期金融市場と長期金融市場がある
▶ 短期金利は金融政策によって上下動する
▶ 長期金利は市場で形成される

1-8 世界的な物価高が金利に与えた影響

日本では長い間低金利の状況が続き、私たちはその状況に慣れてしまいました。しかし2024年にマイナス金利政策が解除されたことで、状況で金利が上下動する、つまり正常化する可能性があります。

ここまで見てきたとおり、金利は経済情勢や物価情勢などによって形成されます。長期金利については、国債の需給や海外の長期金利の動向などの影響も受けやすくなっています。

そのため、金利は上がったり、下がったりするのが当然のもの、と言えます。

日本人は金利が付かないことに慣れてしまった

ところが日本では、長きにわたり低金利で推移してきました。日銀の政策金利は1995年9月から1％割れの状態が続いてきましたし、2016年には日銀のマイナス金利政策によって、政策金利がマイナスに転じています。

さらに日銀は短期金利だけでなく、2016年9月からは**イールドカーブ・コントロール***によって、**長期金利も操作対象**

*イールドカーブ・コントロール
86、191ページ参照

政策金利と長期金利の推移

＊Bloomberg、日本銀行「過去25年間の本邦金融市場の振り返り」（2023年12月4日）より作成

としました。

　その結果長期金利もゼロ近傍に抑えられる状態が2022年まで続いてしまいます。その背景にはデフレ脱却を目指す日銀の金融政策がありました。

　しかしこれによって、日本では「金利は付かないもの」といった認識が強まったようです。

　また、日本の物価が低位安定していたことで、金利も低い状態が続き、それに国民も慣らされてしまった感があります。日銀はそれを**ノルム**＊と表現しました。

＊ノルム
6ページ参照

長期金利コントロールが形骸化する

　ところが2022年から状況が大きく変わってきます。

　新型コロナウイルスの感染流行に、**ロシアによるウクライナ侵攻**が加わり、世界的な物価上昇が起きたのです。これに対して、欧米の中央銀行は積極的な利上げを実施してきました。

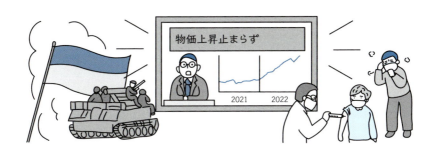

　日本でも2022年4月から消費者物価指数（生鮮食品を除く総合）が前年同月比で2％を超える上昇が続きました。

　長期金利も上昇圧力を強めた結果、2022年に日銀は長期金利コントロールのレンジを従来の±0.25％程度から±0.50程度に拡大させます。

　さらに2023年7月には長期金利コントロールの上限を1％とし、これを「目途」と表現することで、実質的に長期金利コントロールを形骸化させました。

日銀は次のステップとして、**マイナス金利政策の解除**、つまり強力な金融緩和から通常の金融緩和策、いわゆる正常化に動く準備をしてきたのです。

正常化の可能性、低金利が継続する可能性

そして2024年3月19日。日銀はようやくマイナス金利政策を解除し、イールドカーブ・コントロールを撤廃しました。

これによって、やっと日本でも金融政策が普通の緩和策に戻されることとなり、物価などの状況次第では短期金利を含めて、上昇余地が広がる可能性も出てきました。

つまり30年ぶりに金利が付く状況が生まれようとしているのです。これによって、「動かない」とみられていた住宅ローンの変動金利が動意を示す可能性が出てきました。

ただし、欧米の中央銀行が利下げを模索するなど、外部環境にも変化が生じています。日本の金利はマイナスから脱しても、低位が続く可能性もあります。

しかし、これをきっかけに金利そのものが大きく動く可能性もあるので、これからの金利の動向が、私たちの生活に直接影響を与えてくる可能性が出てきました。

▶ 2016年のマイナス金利政策などで低金利が続いていた
▶ 世界的な物価高でマイナス金利政策を解除し、金利が付くようになってきた

第 2 章

金利が生活に
与える影響

2-1 住宅ローン金利の3つのタイプ

> すでに変動金利で借りている場合、日銀の政策金利が上昇することで住宅ローンの金利が引き上げられる可能性が出てきます。

金利が生活に大きく影響を与えるもののひとつに、**住宅ローン**があります。

住宅ローンの金利タイプは大きく**変動金利**と**固定金利**に分けられ、固定金利にはさらに**固定金利選択型**（固定期間選択型）、**全期間固定金利**があります。つまり住宅ローン金利には3つのタイプがあるわけです。

一般的には変動金利、固定金利選択型、全期間固定金利の順で金利が高くなっていきます。

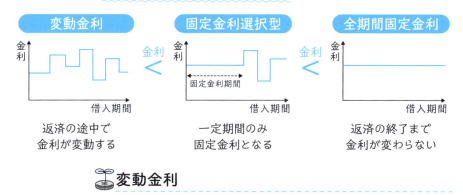

🌱 変動金利

住宅ローンの**変動金利は短期プライムレート**（略して短プラ）がもとになって決まります。

短期プライムレートとは、銀行が最優良の企業に貸し出す際の**最優遇貸出金利（プライムレート）**のうち、**1年以内の短期貸出の金利**のことです。

＊短期金利
68ページ参照

さらに、短期プライムレートは日銀が決める**政策金利（短期金利＊）**を元にして決められています。

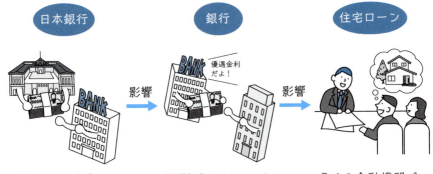

そのため、金融機関の住宅ローンの説明書などには、変動金利について「短期プライムレートを基準に見直します」といった内容の文言が書かれているはずです。

変動金利の見直し方法

長期プライムレート*と違って、短期プライムレートの変動はそう多くあるわけではありません。
変動金利の見直しも、半年に1度（4月1日と10月1日） となっています。

＊**長期プライムレート**
44ページ参照

仮に短期プライムレートが上がっても、急激に住宅ローンが上がることはありません。多くの銀行で、金利の上昇で急激に返済額が上がらないために**5年ルール**と**125％ルール**を適用しているからです。

- **5年ルール**……金利が変更されても、毎月の返済額の見直しは5年に1度行うこと。つまり、金利が上下しても5年間は返済金額が固定される。ただし、その間に金利が上昇すると、毎月の返済額に占める元本の割合で調整される点に注意が必要

- **125%ルール**……毎月の返済額を増やす場合、金利見直し後の返済額を見直し前の1.25倍までとすること

金利上昇時の5年ルールと125%ルールのイメージ

> **繰り上げ返済**
> 月々の返済額、期限とは別に、まとまった額を返済する方法。手数料が発生するのが一般的だが、返済は元本のみに充てられるため、月々の返済負担を減らすことができる。

　一見、よいことだらけに思える5年ルールや125%ルールには、デメリットもあります。金利上昇時には5年後に返済額が増加すること、それによって元金が減りにくくなることです。

　また、ネットバンクなどでは、5年ルール、125%ルールを適用しないところがある点にも注意が必要です。

　変動型のローンで金利上昇時に利払いを増やしたくない場合には、**繰り上げ返済**が選択肢になります。

固定金利

　住宅ローンの固定金利は**長期プライムレート（略して長プラ）がもとになって決まります。**

　長期プライムレートとは、銀行が最優良の企業に貸し出す際の**最優遇貸出金利（プライムレート）**のうち、**1年以上の長期貸出の金利**のことです。

　長期プライムレートは長期金利に連動します。長期金利は日銀が上限を決めていたこともありましたが、現在は債券市場で形成されています。

　固定金利タイプには①固定金利選択型と②全期間固定金利があります。

①固定金利選択型

固定金利選択型は、**一定期間は固定金利**となるタイプです。原則、一定期間内に変動金利へ変更することはできません。

金利の固定期間が終わると、自動的に変動金利へと移行します。しかし、そのときに金融機関が取り扱っている範囲内で、再び一定期間の金利を固定することも可能です。

②全期間固定金利

全期間固定金利は、**全期間金利が固定**されるタイプです。そのため、借入れ時に総返済額が確定します。

完済まで毎月の返済金額が変わらないため、家計管理がしやすい点がメリットです。金融機関側から見ると、長期の契約を結ぶことで、金利変動によるリスクが大きくなるという面があります。

そのため、変動金利を含めて3つのタイプの中では最も金利が高くなる傾向があります。

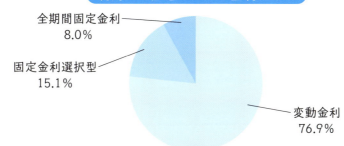

利用した住宅ローンの金利タイプ
- 全期間固定金利 8.0%
- 固定金利選択型 15.1%
- 変動金利 76.9%

＊住宅金融支援機構「住宅ローン利用者調査(2024年4月調査)」より作成

▷ 変動金利は金利が安いが、返済中に金利が変動する
▷ 固定金利選択型は一定期間、固定金利となる
▷ 全期間固定金利は完済まで金利が変わらない

2-2 住宅ローン計算のしくみ

> 元利均等返済は元金と利息を足した返済額が一定となるよう計算されています。返済額に対して、当初は利息が占める割合が多く、返済が進むにつれて元金が占める割合が増えていきます。

住宅ローンの金利は、元金に対して1年間で支払う利息（受け取る利子）の割合である年利（年率）で表示されることが一般的です。

普通預金や定期預金などの預金金利、国債の金利などと同様と言えます。

住宅ローンは元利均等返済

たとえば年利3.0％で100万円借りた場合、1年間に3万円の利息が発生します。これは、借入れから1年後に元金100万円を一括返済した場合の利息です。

しかし、**元利均等返済***で1年かけて毎月返済していく場合には、返済期間中に元金が減っていきます。そのため、利息の総額は3万円にはなりません。

> **元利均等返済**
> 元金と利息を足した毎回の返済額が一定となる計算方法。最初は利息の割合が高く、元金の減りが遅くなるため、完済まで時間がかかる特徴がある。
> ほかに元金均等返済という方式もあり、毎回の元金の返済額が変わらない方法。

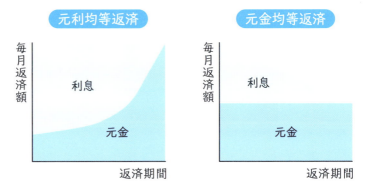

毎月返済を行う場合の利子は、年利を12で割った月利を使って次のように計算されます。

> 月利＝年利÷12
> 毎月の返済額＝前月末の残高×月利

例題

100万円を年利3.0％で借りて、元利均等返済で1年かけて毎月返済する場合、最初の月の利息額はどうなる？

1ヶ月目の月利＝3.0％÷12
　　　　　　＝0.25％
1ヶ月目の利息額＝100万円（前月末の残高）×0.25％（月利）
　　　　　　　＝2,500円

答え　2,500円

なお、2ヶ月目以降は、すでに支払った額が元本から引かれるため、利率は変わらずとも支払う利子額が減少していきます。

毎月の返済額を求める式は下記のとおりです。

> 借入額×月利（1＋月利返済回数）／（1＋月利）返済回数－1

▶ 返済額（元金＋利息）が一定となるのが元利均等返済
▶ 返済が進むと、返済額に対する元金が占める割合が増えていく

2-3 住宅ローン金利は今後どうなる？

長く続いたマイナス金利政策は解除され、今後の見通しが立ちにくくなっています。住宅ローン金利が上がるかもしれないという状況で、個人がどう対処すればよいのかを考えます。

「日銀の金融政策が今後どうなるのか」「今後の日本の長期金利がどう動くのか」を的確に予測することは困難です。

住宅ローンのタイプはどれが一番お得なのか、適切なアドバイスをするのも難しいところがあります。

とはいえ、今後は金利を取り巻く状況が変わっていくと予想されます。金利が変わったときに起きるリスクを知っておく必要があるでしょう。

今後は変動金利も上昇する可能性あり

＊**マイナス金利政策**
97ページ参照

日銀は2016年2月から続けていた**マイナス金利政策**＊を2024年3月に解除しました。7月には政策金利を引き上げ、0.25％としました。今後はさらなる利上げが予想されています。**政策金利**を1％以上に引き上げることも十分にあり得ます（2024年8月末現在）。

ただし、日銀の政策金利の行方は経済や物価、政治情勢など状況次第となり、なかなか予測が難しいことも事実です。

いずれにしても、これまでのように「住宅ローンの変動金利は低いまま動かない」と決めつけるのはリスクがあります。急激な上昇は現状は考えづらいものの、今後は上昇してくる可能性があると見ています。

🌱 不透明要素が多い

長期金利についても、日銀は**イールドカーブ・コントロール政策を撤廃**※しました。長期金利の形成は日銀が関与せず、以前のように市場に委ねる格好となったわけです。一般的には、金利上昇とみられる場面と言えます。

※ **イールドカーブ・コントロールを撤廃**
205ページ参照

ただし、**ECB**※（**欧州中央銀行**）が2024年6月に**利下げ**を決定し、米国の**FRB**※（**連邦準備制度理事会**）も9月に利下げを決定するなど、欧米の中央銀行は利下げに転じました。

※ **ECB**
158ページ参照

この影響を受けて、「日銀が政策金利を引き上げても、日本の長期金利の上昇は限定的」との見方もあります。欧米の長期金利が低下すると、日本の長期金利の上昇が抑制されることも考えられるからです。

※ **FRB**
144ページ参照

いずれにしても、今後の金利の動向は、政策金利の行方を左右する日銀次第の側面があります。

日銀はアベノミクスなどの政治的な影響を受けやすかったことも確かです。政治の動向によって金利そのものの動向にも影響を与えることがあるため注意が必要です。

結論からいえば、あまりに不透明要因が多いため、将来の金利動向を正確に捉えることは難しいわけです。

そのため、どの程度まで金利上昇に耐えうるのか、自分なりのシミュレーションなども行うとよいでしょう。今後の金利変動をどの程度容認できるのか、前もって試算するなどしておくことが必要になると思います。

▷ 一般的には金利上昇と予想される場面
▷ 住宅ローンがどの程度まで金利上昇しても耐えうるかをシミュレーションしておく

2-4 預貯金金利は今後どうなる?

長期金利の上昇に伴い、多くの銀行で金利の引上げを実施しました。これで銀行は利ざやが稼げるはずでしたが、預金金利の上昇に比べて、貸出金利は上がっていないと指摘する人もいます。

　　　　　　　日銀の利上げにより、預貯金金利にも動きが出てきました。日銀は2024年3月19日に**マイナス金利政策の解除**を決め、政策金利を**無担保コールレート**＊に戻したうえで、その誘導目標を0〜+0.1%に設定しました。

＊無担保コールレート
68ページ参照

　この措置を受けて、三菱UFJ銀行と三井住友銀行は、普通預金の金利をそれまでの0.001%の20倍に相当する0.02%に引き上げることを決めました。

　さらに同年7月31日に日銀は**政策金利**を0.25%に引き上げました。これを受けて三菱UFJ銀行は、9月2日から普通預金の金利を年0.02%の5倍の年0.10%に引き上げました。これは2008年11月以来およそ16年ぶりの水準となります。

　三井住友銀行は8月6日から、みずほ銀行は9月2日からそれぞれ普通預金の金利を今の年0.02%の5倍の年0.10%に引き上げました。

　三菱UFJ銀行は返済期間が1年以内の企業向け貸出しの基準金利である**短期プライムレート**＊を9月2日からおよそ17年ぶりに引き上げることも決めました。短期プライムレートが引き上げられることで、これに連動する変動型の住宅ローン金利にも影響が出る見通しとなります。

＊短期プライムレート
42ページ参照

> **利子がないお金の貸し借りもある**

金利が極端に低い状況は、銀行にとって好ましいことばかりではありません。金利が極端に低いと、預金金利と貸出金利で得られる利ざやが稼げないからです。

とはいえ、利ざやが稼げない分、多少なら預金が減少しても、経営にそれほど影響がないという面がありました。

その利ざやを稼げない間は、ATMなどの手数料収入に頼って経営していたわけです。

金利上昇を初体験する現役世代

金利が付くようになると、銀行は収益を伸ばしやすくなります。銀行にとって大きな収益源となる**利ざや**＊が発生するためです。金利の引上げは銀行の収益源の一変という意味もありました。

＊利ざや
34ページ参照

ただし、現実はそう簡単ではありません。地銀など一部の銀行では、預金金利の引上げがむしろ収益を圧迫しているようです。

2023年4〜9月期に地銀（グループ連結ベース）が支払った預金利息は前年同期に比べて2.5倍に増えている一方、銀行の収入となる貸出金利息は14％増にとどまっているというデータもあります。

営業現場では、「貸出金利の引上げ交渉が進んでいない」という声が出ているようです。

その一因に、「低金利が続き、営業現場では金利上昇を経験していない銀行員が多い」との指摘もありました。

金利6％、7％、8％という状況を経験している世代は、多くがすでに引退しています。もしくは現場を離れた世代です。今、銀行の現場にいる世代のほとんどが、金利上昇を経験していません。

メガバンクの貸出金利は大きく増加していたのですが、これは米国などの海外部門の貸出金利利息の増加が寄与していました。

銀行員ばかりではありません。現役世代には、金利が付く経験すらしていない人も多いのではないでしょうか。しかし、これからは日本でも物価に応じた金利が形成される可能性が出てきました。

長期金利の今後は？

＊長期金利
37ページ参照

長期金利＊は2024年7月3日に1.100％に上昇した後、いったん低下しています。8月5日に日経平均が過去最大の下落幅となり、急激な円高進行もあったことで、長期金利は一時0.750％に低下しました。

その後、長期金利は1％近くまで戻していますが、7月3日に付けた1.100％にはまだ距離があります（10月25日現在）。

日銀による金融政策の正常化の動きが始まれば、物価や景気動向などに応じた金利が形成されます。金利がない時代から金利が存在する時代に移行することが予想されるためです。

本来あるべき金利として中立金利という見方があります。自然利子率＊に適正とされる物価上昇率を加えたものです。

自然利子率
経済や物価に対して引き締め的でも緩和的でもない実質金利のこと。

自然利子率をマイナス1.0％からプラス0.5％、適正な物価上昇率を2％とすると、中立金利の下限はプラス1％、上限はプラス2.5％あたりとの見方ができます。

つまり、政策金利が1％を超えてくる可能性があるのです。

▶ 日銀の政策金利の上昇に伴って、預貯金の金利も上がっている
▶ 銀行員、一般の人ともに、現役世代には金利引上げを経験した人が少なく、とまどいが大きい

②-5 金利商品を買うタイミングとは

> 金融商品は、購入するタイミングで金利が変わってきます。今後、金利が上昇するとしたら、どのようなタイミングで金利商品を買うのがよいのでしょうか。

　今後、金利が付く時代に移行するとしたら、金利商品に対するニーズが変化する可能性があります。

　たとえば日本の家庭に眠る**タンス預金***の合計額は、およそ30兆円～80兆円と言われています。このタンス預金が動く可能性も出てきます。
　どうせ金利が付かないうえ、物価も低迷しているとなれば、銀行にお金を預ける必要はない、自宅で現金を保管したほうが良いと考える家庭もあったと考えられるからです。

　しかし預貯金で利子がそれなりに付くようになれば、預貯金などの金利商品で保有するインセンティブ（動機付け）が高まる可能性があります。

> **タンス預金**
> 現金をタンスに保管しているということ。実際には金庫などだろうが、自宅内で現金を保管すること全般をいう。

🌱 利回りのよい商品は人気が高い

　日本の個人は意外に金利に敏感です。金利が付いた時代を経験した世代の人は実感できるのではないでしょうか。

象徴的なものに1990年の**ワイドフィーバー**がありました。日本興業銀行（当時）などが発行していた**5年物利付金融債***の利息を半年複利で運用し、満期日に元金と利息をいっしょに受け取る商品が「ワイド」です。

バブル末期からの日銀の利上げを受け、5年利付金融債の利率は90年10月に8％を付けました。

この利息を複利運用するワイドの利回りは9％を優に超え、5年後の満期には預け金の約1.5倍になります。この商品に人々が殺到したのです。

さすがに同様の金利商品がこれから登場することは考えにくいでしょう。それでも目に見えるかたちで利息が付くとなれば、個人が利息を求めて行動することも十分に考えられます。

金融商品は長期のものほど金利が高い

金融商品は期間が長いほど金利が高くなる習性があります。

欧米などでは2022年あたりから短い期間の金利のほうが長い期間の金利よりも高い**逆イールド**という現象が起きていました。しかし、日本では逆イールドが発生することは現状

利付金融債
利息が支払われる形式の債券。金融機関が独自の商品名をつけて利率を設定する。半年ごとに利息を受け取るものが多い。

は考えづらいと思われます。日銀が金利の正常化にすら慎重になりすぎていたことも一因です。

このため今後、金利が上昇すると思えば、なるべく長期のものへの投資は避け、金利がある程度高くなってから、長期の金融商品を購入するほうが良いと思われます。

ただし、的確に金利の先行きを見通すのも困難です。これは個人それぞれの感覚に頼らざるを得ません。

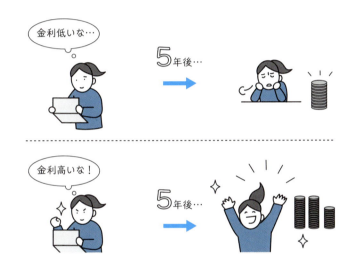

▷ 金融商品は期間が長いほど金利が高いのが一般的
▷ 金利上昇を予想するなら、ある程度金利が上がってから長期の金融商品を購入するほうがよい

2-6 個人向け国債は資産運用に有利な商品

> 金融商品は数あれど、個人向け国債の変動10年は、個人が資産運用する際におすすめできるもののひとつです。元本が保証されていて、利率が定期預金に比べて有利になっています。

個人が資産運用する金融商品の中で、個人的に最適と思っているもののひとつが**個人向け国債**です。

個人向け国債には3種類あります。

- **変動10年**……四半期ごとに発行される変動金利タイプの10年債。利率が半年ごとに実勢金利に応じて支払われるので、実勢金利が上がれば受取利子が増える。各利払い期における適用利率（年率）は、基準金利*に0.66を掛けた値（0.01％刻み）
- **固定5年**……固定金利タイプ5年満期債。償還までの利率が固定されていて、基準金利から0.05％を差し引いた値（0.01％刻み）
- **固定3年**……固定金利タイプ3年満期債。償還までの利率が固定されていて、基準金利から0.03％を差し引いた値（0.01％刻み）

ただし、それぞれ**最低保証利率**の0.05％が設定されているため、これ以下にはなりません。

🌱 個人向け国債の特徴

個人向け国債の3種類はすべて、発行から1年経過すれば**途中換金が可能**です。一定期間の利子相当額が差し引かれますが、元本で政府が買い取ってくれます。

これはかなり重要なポイントです。つまり**価格変動リスク**

> **基準金利**
> 個人向け国債の利率を算出するにあたって基準となる国債の金利。

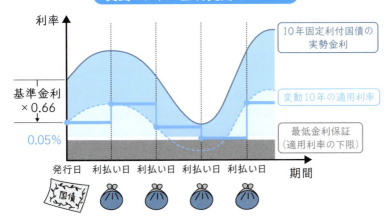

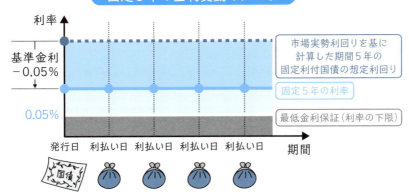

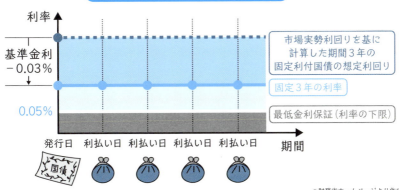

*財務省ホームページより作成

と流動性リスクがないという極めて特殊な債券なのです。

ただし、この利点がある代わりに、1年間は途中換金ができず、通常の国債に比較して金利が低く抑えられています。

定期預金と比べると？

2024年10月に募集された個人向け国債の利率は、変動10年0.57％、固定5年0.46％、固定3年0.34％でした。

三菱UFJ銀行は、2024年9月2日から、普通預金の金利を年0.10％に引き上げます。また、定期預金の金利も引き上げられる予定です。10月現在のスーパー定期預金の金利は3年が0.20％、5年が0.25％、10年が0.40％となっています。

定期預金金利も引き上げが見込めるものの、個人向け国債の金利のほうが優位となっていることも確かです。

今後、日銀がさらに利上げを行えば、国債の利回りも上昇することが予想されます。

特に2年国債や5年国債など中期債と呼ばれる国債の利回り上昇が見込まれ、固定5年や固定3年の個人向け国債も人気が上がる可能性があります。

個人向け国債の利率と定期預金の金利（2024年10月23日時点）

変動10年の利回り 0.57％ ＞ 固定5年の利回り 0.46％ ＞ 定期預金10年の金利 0.40％ ＞ 固定3年の利回り 0.34％

もちろん、銀行の定期預金と個人向け国債では、預金と投資という違いはあります。

ただし、個人向け国債は、定期預金と同様に元本が保証されています。途中換金も可能ですが、個人向け国債は1年と

いう売却できない期間が設けられており、それが金利面に反映されている面もあります。

個人的には、日本の長期金利は本格的な上昇局面入りしつつあると見ています。その意味でも、個人向け国債の10年変動タイプはかなり魅力的なものと思います。

個人向け国債と新窓販売員

個人向けとして2007年10月から新型窓口販売方式による国債の販売が行われています。期間が2年、5年、10年の固定金利型の国債で毎月募集・発行されます。

すべて固定金利型となっていることで、発行時に決定された利率は償還時まで変わらず、半年ごとに決まった利子が支払われ、額面金額で償還されます。購入最低額面単位は5万円から可能で、5万円の整数倍単位での購入となります。

新窓販国債は毎月購入が可能です。一定期間は中途換金が制限される個人向け国債と異なり、新窓販国債は発行後いつでも市場価格での売却が可能です。

ただし、個人向け国債のように元本で政府が買い取るしくみにはなっていません。また最低金利保証もありません。

しかし、利回りは2年、5年、10年の国債の利回りが反映されるため、個人向け国債に比べてその点が有利となります。

ほとんど金利が付かない場合には、新窓販国債の利点はあまり生かされませんでしたが、国債利回りが上昇してくると、こちらも選択肢となり得ます。

▷ 個人向け国債は、変動10年、固定5年、固定3年の3種類
▷ 変動10年は個人が資産運用するのに最適な金融商品のひとつ

2-7 国債の利回りの計算方法

> 国債の金利は経済の重要指標のひとつです。国債の金利は、表面利率(利率、クーポンレート)と利回りに分けて考える必要があります。それぞれの意味をしっかり確認しましょう。

個人向け国債の変動10年は日本経済に大きな影響力を持っています。**変動10年**は通常、**長期金利**と呼ばれ、経済や金利の大きな指標のひとつとなっているからです。

ここでは、国債などの債券の利回りがどのように計算されるのかを見てみましょう。

🌱 表面利率と利回り

国債の金利は、**表面利率(利率、クーポンレート)** と**利回り**＊で区別する必要があります。

＊利回り
28ページ参照

表面利率

表面利率は**利率**または**クーポンレート**とも呼ばれ、**利付債**＊について半年ごとに支払われる利子(クーポン)の大きさを表すものです。

📓 利付債
定期的にクーポン(利息)が支払われる債券。利付債券ともいう。

利付債は額面金額に対する1年分の利子がパーセント表示で示されています。

たとえば額面金額100万円につき1年間に2万円の利子が支払われる場合、半年ごとに1万円ずつ支払われます。

この場合、表面利率(利率、クーポンレート)は2%です。

利付国債の表面利率は、その国債が発行されたときの市場の実勢により決定され、次のような流れになります。

- 直近に発行された10年国債の利回りを元にする

- 残存期間などを考慮する
- おおよその利回り水準を元にする
- 業者がしかるべき利回りの水準を想定して入札に臨む

　そのうえで、入札された結果の平均落札利回りが、10年新発債の利回りとなるわけです。

利回り

　この利回りは、**1年あたりの運用益**をパーセント表示で示したものです。この運用益には、**1年分の利子収入（表面利率で表されるもの）、償還額面**（または売却価格）と**購入価格の差額**（1年あたりに換算したもの）が含まれます。
　いわゆる**インカムゲイン**（利子収入）と**キャピタルゲイン**（差損益）を加えたものを1年あたりの収益として換算したものです。

　表面利率（利子収入）は発行時から償還時まで変わることはありません。
　一方で、**購入価格**は時価となるため、債券相場の状況などによって変わってきます。したがって、購入価格次第で、国債の「利回り」は変わってくることになります。

　改めてまとめましょう。
　国債の利回りは、表面利率に年あたりの差損益（償還額面

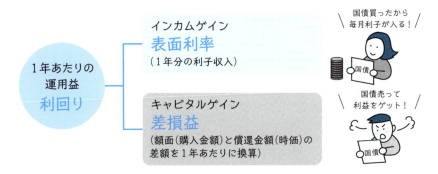

金額と債券の価格（時価）との差額を、残存年数で割ることで算出される）を加えたものです。

債券の利回りから価格、価格から利回りを算出する式は下記のようになります。

> 債券の利回り＝｛表面利率＋（額面100－債券価格）÷残存期間｝÷債券価格×100

> 債券価格＝（100＋表面利率×残存期間）×100÷（100＋利回り×残存期間）

たとえば、残存期間10年、額面金額100円、利率1.5％の国債があり、半年ごとに0.75円ずつ（年1.5円）の利息が支払われる（計算を簡単にするため非課税と仮定）としましょう。

この国債の価格が額面金額と同じ100円だった場合の年あたりの利回りは、利率と同じ1.5％です。

では、次の場合はどう計算されるでしょうか。

例題

上記の国債の価格が90円だった場合の利回りは？

｛1.5％＋（額面100－債券価格90）÷10｝÷債券価格90×100＝2.78

答え　利回り2.78％

▶ 表面利率（利率、クーポンレート）は半年ごとに支払われる利子（クーポン）の大きさ
▶ 利回りは１年あたりの運用益

金利の動きから見る投資先の選択基準

私たちは、資産を守る、増やす目的で金融商品を購入します。今後はどのような金融商品を選べばよいでしょうか。ヒントとなる判断基準を示します。

世の中には、預金、国債、株式*など、多くの金融商品があります。個人で資産を投資したいとき、何を基準に金融商品を選べばよいでしょうか。

そのひとつに、株式の配当利回りと国債の利回りを比較する方法があります。

> **株式**
> 出資してくれた人に株式会社が発行する証券。会社の利益に応じた配当を受け取ったり、売却して利益を得たりする。

株式投資のしくみ

株式には、値上がり益への期待のほか、企業が得た利益の一部を投資家に還元する配当収入があります。

特に最近は株主還元強化の機運があり、日本企業に配当を復活したり、増やしたりする動きが広がっています。

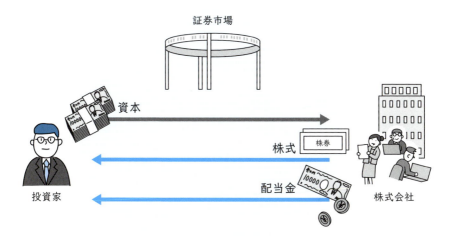

株式投資の全体像

63

この配当利回りは、株式の運用利回りを測る尺度のひとつです。配当利回りは株式への投資金額の何％が配当として戻ってくるかで、年間の配当金額を株価で割って算出します。

個別銘柄の配当利回りを見る際には、今期の予想配当に基づく予想配当利回りが一般的に使われます。

この株式の配当利回りと国債の利回りを比較するわけです。

もちろん、株式と国債を評価するには、利回りだけでいいわけではありませんが、尺度のひとつになります。

益回りで金利商品を比較する

> **益回り**
> 1株あたりの利益を株価で割ったもの。PERの逆数となる。
> 一般的に益回りの値が大きいほど割安、小さいほど割高と判断される。

金利商品と株式を比較する際に益回り*が使われることがあります。

ハイテク株に代表される成長株は、PER（株価収益率）*が高くなりがちです。このため、PERの逆数である益回りが低くなります。

金利上昇局面では、PERが高い株は金利と比較した益回りの低さから相対的な投資魅力が低下し、売られやすくなるとされています。

> **PER（株価収益率）**
> 1株あたり純利益とも言われ、株価を1株あたりの利益で割った数字。
> 一般的にはPERが低いほど割安と判断される。

金価格と物価

金利が上昇している状況で、その背景に物価上昇がある場合には、インフレが意識されて金（ゴールド）が買われたりします。

金価格は、通貨の価値が下がる（つまりインフレになる）と上昇し、通貨の価値が上がる（デフレになる）と下落するという明確な特徴が見られるのです。

為替と金利

海外との金利差によって外為市場（外国為替市場）が動くことにも注意が必要です。

たとえば日米の金利差が大きくなると予想されると、ドル

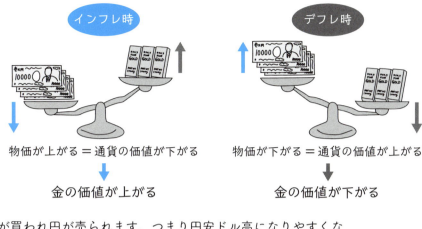

物価が上がる＝通貨の価値が下がる
↓
金の価値が上がる

物価が下がる＝通貨の価値が上がる
↓
金の価値が下がる

が買われ円が売られます。つまり円安ドル高になりやすくなります。

米国では、物価上昇をコントロールするためにFRB*が積極的に利上げをすることで、日米の金利差が拡大しました。

これを受けて、2024年7月にドル円が一時161円台を付けるなど円安が進行したわけです。

今後、日本の金利が上昇し、欧米の金利が低下すると予想されれば、円高の動きが強まることもあり得ます。

反対に、日銀の利上げが慎重すぎると受け止められ、欧米の利下げが予想よりペースダウンすれば、円安がさらに進行することも考えられます。

今後は海外との金利差を利用して、個人によるFX投資なども積極化する可能性がありそうです。

* FRB
144ページ参照

▷ 株式の配当利回りと国債の利回りの比較を参考に金利商品を選択する方法もある
▷ 海外との金利差で為替が動く

第 3 章

短期金利と長期金利の違いと特徴

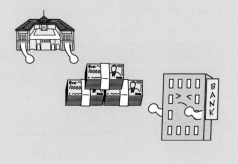

3-1 短期金利と無担保コールレート

日銀の政策金利となる短期金利は、どのようにして決まるのでしょうか。短期金融市場の成り立ち等について知ると、そのしくみや重要性などが理解しやすくなります。

金利には大きく分けて、短期金利と長期金利があります。期間1年未満の金利が短期金利、期間1年以上の金利が長期金利です。

短期金利は日銀の政策金利

短期金利の代表的なものは日銀の政策金利です。

日銀の政策金利は、昔は**中央銀行が民間の金融機関に資金を貸し出す際の基準金利（公定歩合）**でした。

1995年代以降は、**無担保コールレート（オーバーナイト物）***が金融市場調節の主たる操作目標、つまり政策金利となりました。これは、主に銀行間で貸し借りする際に使われる金利で、

> 無担保コールレート（オーバーナイト物）
> コール市場（金融機関が日々の短期的な資金調整のために取引する場）における無担保での貸借のうち、翌営業日に返済するものの金利。

短期金利（日銀の政策金利）の移り変わり

〜1995年代

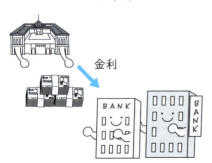

中央銀行が民間の金融機関に資金を貸し出す際の基準金利

1995年代〜

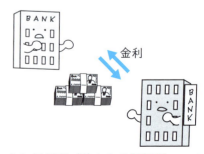

主に銀行間で使われる無担保コールレート（無担保の貸借のうち、翌営業日に返済する金利）

翌営業日に返す金利です。

しかし2016年2月、日銀が**マイナス金利政策***を導入したことで、**政策金利は日銀の当座預金の一部に課せられる金利**となっていました。

しかし、2024年3月19日の金融政策決定会合で**マイナス金利政策**が解除されて、**政策金利は無担保コールレート（オーバーナイト物）** に戻っています。

ここではまず短期金利の市場について解説していきたいと思います。

* **マイナス金利政策**
97、189ページ参照

短期金融市場の分類

短期金融市場*は、期間1年以内の金融取引が行われる市場（**マネーマーケット**）ですが、日銀が**オペレーション***や貸出等の金融調節を通じて、市場の日々の資金過不足を調節する場でもあります。

日銀は金融政策決定会合で決められた政策金利の目標値への誘導を、短期金融市場の金融調節を通じて行っているわけです。

* **短期金融市場**
36ページ参照

* **オペレーション**
139ページ参照

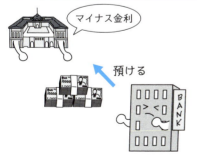

マイナス金利政策により、日銀の当座預金の一部に課せられる金利となる

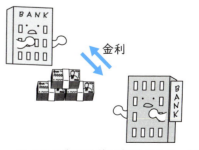

マイナス金利政策の解除により、無担保コールレートに戻る

また、短期金融市場は、大きく**インターバンク市場**と**オープン市場**に分けられます。

金融機関や証券会社、生損保など限られた参加者の間で取引が行われるのがインターバンク市場、インターバンクの参加者に一般事業法人なども加わって取引が行われるのがオープン市場です。

インターバンク市場

インターバンク市場は銀行を中心とした金融機関の間で、資金の運用や調達、決済を行う市場です。金融機関がお互いに短期的な資金の過不足を調整するための取引が行われています。

インターバンク市場には、**コール市場**や**手形市場**＊などがあります。

特に明治時代に自然発生的に誕生したコール市場は、現在でもインターバンク市場の中でも重要な市場です。異次元緩和前に日銀の金融政策における誘導目標値としていたのもコール市場における金利でした。

> **手形市場**
> 紙の手形は随時廃止される予定となっており、手形の売買もいずれ廃止になると見込まれる。

オープン市場

オープン市場は、市場参加者が限定されていません。金融機関に加えて一般企業、官公庁、地方自治体などが参加して、短期の資金の運用や調達を行うために取引をしています。

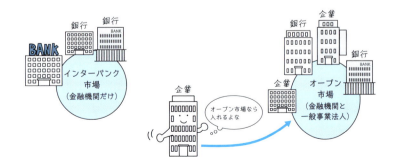

無担保コール市場

コール市場はインターバンク市場の中のひとつで、金融機関相互の資金繰りを最終的に調整し合うマーケットを指します。短期金融市場の柱と言える市場です。

コール市場の名の由来は「money at call」です。由来のとおり、「呼べばただちに戻ってくる資金」と言われます。

銀行などの金融機関は営業活動を通じて日々、資金の余裕や不足が生じています。預金の受払いや貸出し、市場を通じ

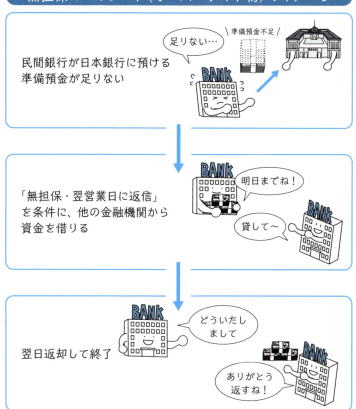

無担保コールレート（オーバーナイト物）のイメージ

民間銀行が日本銀行に預ける準備預金が足りない

「無担保・翌営業日に返信」を条件に、他の金融機関から資金を借りる

翌日返却して終了

た国債、株、為替等の売買も行っているからです。

　つまり、金融機関は常に日々の資金ポジションを調節する必要があるということ。そのため、金融機関は最終的な資金量の調節を、その前日に**コール市場**で行っているのです。

　コール市場での運用調達期間は、**オーバーナイト物（翌日物）**から1年後の応答日以内であれば、どの日でも取引が可能となっています。その中心はやはりオーバーナイト物です。

　当日から翌日にかけて必要な資金を調達・運用する取引が、オーバーナイト物の取引です。**O/N**とも表記され、<u>翌日物</u>とも呼ばれます。

　翌日スタートの**トムネ**と言われる、翌々日までの取引もあります。これはtomorrow nextの略語です。**T/N**とも表記されることもあります。

　このように、<u>たいへん短い期間の取引がコール市場での中心</u>となっています。

　無担保コール取引については最低取引金額は原則5億円とし、取引単位は1億円刻みです。金融機関同士の取引ですから、実際には50億円や100億円単位が多くなっています。

　また、無担保コール市場では無担保であるため、クレジットラインと呼ばれる与信枠を銀行などが定めています。

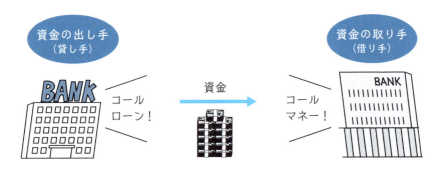

資金の貸し手と借り手

　コール市場の中心的な役割を果たしているのがメガバンクです。貸出先が多くて資金が不足しがちなので、コール市場で最大の借り手とされています。

　また、地方銀行のように、預金などで集めた資金の運用先が乏しいために、資金が余り気味の銀行もあります。

　信託銀行も、信託勘定や投資信託の運用で解約などに対してある程度の余資残高が必要です。そのため、資金に余裕があり、コール市場の出し手となっています。

　なお、コール市場では、資金の出し手（貸し手）が供給する資金を**コールローン**、資金の取り手（借り手）が調達する資金のことを**コールマネー**と呼びます。

日本で最も古い短期金融市場はコール市場

　コール市場の歴史は古く、日本で最も古い短期金融市場と言われています。

　その成り立ちは、1901年の金融恐慌までさかのぼります。この金融恐慌の経験から、銀行預金に対する支払準備資金の必要性が認識されるようになったのです。

　そこで、金融機関相互の資金繰りを最終的に調整し合う場として、自然と発生してきたのがコール市場です。

▷ 短期金利の代表は日銀の政策金利であり、通常は無担保コールレート（オーバーナイト物）を指す

▷ 金融機関はコール市場で資金を融通し合っている

3-2 債券とは何か

> 債券は発行する側（国や企業など）がお金を調達する手段であり、債券を買う側（金融機関や個人など）にとっては資産運用する金融商品です。

長期金利（10年国債の利回り）を理解するために、債券について改めて見ていきましょう。

債券は

債券は国や企業がお金を調達するための重要な手段です。**国債**は、債券の中で国が発行しているものです。

巨額の資金を運用している銀行や生命保険会社にとっては、お金の運用先としての重要な役割を持っています。

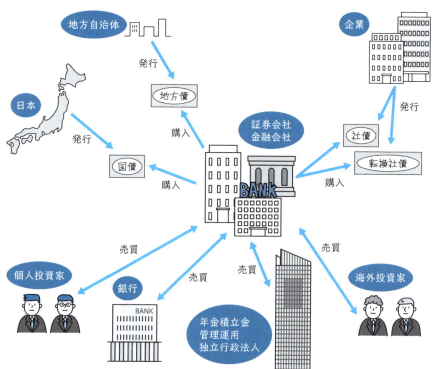

現在はほとんどがコンピューターで管理されていますが、債券は本来、紙で印刷された証書、証券でした。証券ごとに額面金額が印刷され、事前に決められた償還時にはその金額が返済されます。債券の紙自体に財産価値があるので、**有価証券**と呼ばれるわけです。

　さらに債券は、償還時に**クーポン**と呼ばれる**利子**が書かれた札もついていました。つまり償還時には、**額面金額**と**利子**を受け取ることができます。

　債券は**借用証書**と表現されることがあります。国や企業などが、不特定多数の人から巨額の資金を借りるときに出す借用証書というわけです。

　このような借用証書を出すことを、債券を**発行**すると言います。ただし、最近発行されている債券には証書はなく、ペーパーレスが主流です。

　証書はなくても、購入者等は電子上でしっかりと記録されていますので心配はありません。

債券の3つの役割

　債券は**お札**の延長にあるものという見方もあります。**お札**に時間的な価値が組み込まれたものが**債券**、という見方です。

①お札と同等の信用価値

　債券の中でも、国債は国の信用の元に発行されているため、お札と同様の信用価値があります。

②お札に時間的な価値が組み込まれたもの

　ただし、お札と異なり、債券は償還日まで持つことで額面金額が保証されるという時間的な制約があります。その制約の見返りとして受け取るものが、時間的な価値ともなる**利息**、**利子**なのです。

つまり、債券はお札に時間的な価値が組み入れられた金融商品といった見方もできるのです。

③資金調達

債券は国、地方公共団体、企業、または外国の政府や企業などが、広く一般の投資家からまとまった資金を調達することを目的として発行されるものです。

発行する側、資金を調達する側からすれば債務、つまりは借金となります。

ところが、債券を購入する側は、融資のようにお金を貸すという感覚で債券を購入しているわけではありません。あくまで金融商品として、資金の運用手段のひとつとして債券を見ています。

投資家は、債券を購入する際に利回りを目安にしています。投資家が債券投資を行うのは、一定の金利つまり利子収入を得るためです。

債券の利回りは債券の期間により異なるとともに、発行体の信用力によっても異なってきます。また、債券の利回りは経済や物価動向により大きく動きます。10年国債の利回りは長期金利として金利のひとつの目安になっているのです。

▷ 債券はお金を調達するために発行するもの
▷ 投資家は利回りを目安に債券に投資する
▷ 債券はお札に時間的価値が組み込まれたもの

3-3 長期金利は市場で形成される

長期金利と呼ばれる国債の利回りは、債券が売買される市場で形成されます。その債券市場に登場するのは、どのような人・法人でしょうか。

長期金利は、どのように変化するのでしょうか。

2022年あたりから始まった日銀が無理矢理に長期金利をコントロール下に置く*、という異常事態はなくなりました。

現状は、本来の長期金利が市場で形成されています。その長期金利が形成されるしくみを見ていきましょう。

* 日銀が無理矢理に長期金利をコントロール下に置く
191ページ参照

🌱 債券が売買される理由

長期金利（国債の利回り）は債券市場で形成されます。債券は株式などと同様に有価証券です。預貯金などと違って、市場で売り買いすることができます。

銀行や生命保険会社など、巨額の資金を運用している機関投資家は債券を投資先として保有し、市場で証券会社などと売買しています。

もちろん債券を償還（満期）まで保有する場合もありますが、債券はなぜ売買されるのでしょうか。

債券を償還まで持つ場合

定期的に利子を受け取り、償還日には額面金額（債券の券面に記載されている金額）が支払われる

償還前に債券を売る場合

債券の実勢価格が上がると売却して利益を確定させることができる。再度、別の債券を買うこともある

特に個人投資家は満期まで保有する人も多いようです。しかし個人も、保有している間にお金が必要になると、債券を途中売却することがあります。
　同じように、機関投資家も市場の状況に応じて満期前に債券を売却して違う債券に頻繁に乗り換えています。
　機関投資家は、保有する有価証券をいつでも、実勢価格に応じて売却が可能であるという利点を意識して有価証券を購入しています。
　そのための市場も整備されてきているのです。

　債券の歴史を見てみると、1985年に**銀行のフルディーリング***が認可されるまで、銀行は引き受けた国債を自由に売却することができませんでした。
　しかし、国債の発行量の増加とともに市場が整備されてきたことで、1985年以降は自由に売買が可能となり、日本の債券市場での売買も増加してきたのです。

債券市場に登場する人・法人

　債券市場を構成している登場人物・登場法人について整理しましょう。

銀行

　債券市場で最も大きな存在は、国債などを大量に保有しているメガバンクなど銀行と言えます（国債の半分を保有している日銀を除く）。
　銀行は、預金などで預かった資金の一部を国債などの債券で運用しています。銀行の債券運用は**ALM***を行うため、通常は預金の平均期間（3年以下が多い）に見合った5年以内の債券に投資するのが一般的となっています。
　債券で運用するにはある程度の保有銘柄の入替えも必要です。

フルディーリング
それまで証券会社にしか認められていなかった、債券の既発債を売買する業務。
国債を大量に保有する銀行などが国債市場に登場することで、公社債の売買高が急増した。

ALM
Asset（資産）とLiability（負債）をManagement（管理）する手法のこと。特に、金融機関がリスクを意識しながら、資産と負債のバランスをとる手法として用いられる。

東京証券取引所プライム市場上場銘柄から、日本経済新聞社が選んだ銘柄の平均株価のこと。日経225、日経300などがある

Tokyo Stock Price Indexの略。東証上場銘柄を、基準日(1968年1月4日)の時価総額を100ポイントとして、現在の時価総額をポイントで指数化している

　メガバンクやゆうちょ銀行などは保有資金が巨額です。保有ポジションをちょっと入れ替えただけで、市場へのインパクトは大きいものとなります。

　また、地銀などの地方の金融機関も積極的に市場で売買を行っています。

保険会社

　生命保険会社や損害保険会社はその資金の性格上、主に超長期債（20年を超す期間の債券）などを中心に比較的期間の長い債券を購入しています。

年金資金の運用者

　年金資金の運用者は主に市場**インデックス***に応じた債券運用をしているため、平均するとそれほど長期の債券を保有してはいません。このインデックスに応じて調整を行うための売買なども行われています。

> **インデックス**
> ある一定の基準で選ばれた銘柄の価格などを平均するなど集約したもの。市場の動きを示す指数となる。代表的なものに、日経平均株価やTOPIX（東証株価指数）などがある。

海外投資家

　海外投資家は保有している現物債券の額は比較的小さいのですが、債券の売買高は比較的多くなっています。短期的な売買などを頻繁に行っているということです。

> **デリバティブ商品**
>
> 派生商品という意味で、金利・為替・株価、金、原油など、価格が変動するものから派生して価値が決まる商品のこと。
> 先物取引、オプション取引、スワップ取引、フォワード取引などがある。

> **CTA**
>
> Commodity Trading Advisorの略で、直訳すると商品投資顧問業者。
> 先物やオプション取引の専門家で、運用のアドバイスや一任勘定での資産運用を業務とする。その多くは独自のプログラムに基づいて運用を行っている。

特に債券先物などの**デリバティブ商品**＊に関しては、**CTA**＊と呼ばれる海外投資家がかなり頻繁に売買しています。このような海外投資家の動きが債券相場全般に影響を与えることも多くなっています。

業者（証券会社・金融機関）

債券の円滑な取引を進めるうえで重要となるのが、業者と呼ばれる証券会社や金融機関の**ディーラー機能**です。

ディーラー業務とは、証券会社や金融機関が自己の資金で、自己の利益のために、有価証券（株式や債券）を売買する業務のことです。

債券ディーラーは顧客である投資家との売買を円滑に行うために、一定の在庫を保有し、投資家の売りに対しては自己勘定で買い向かい、投資家の買いについては自己の保有在庫などで対応する必要があります。

▶ 債券は満期まで持つ人もいるが、途中で売買して違う債券に乗り換えることも頻繁に行われている

▶ 債券市場での銀行の存在は大きい

3-4 債券の「利回り」と「価格」は反対に動く

利率が高い債券が発行されると、それまでの（相対的に利率が低い）債券の価値が下がります。利率が低い債券が発行されると、それまでの（相対的に利率が高い）債券の価値が上がります。

債券の利回りと価格は反対に動くということをご存じでしょうか。債券を知るうえで、基本中の基本となる知識です。

ところが実は、これが債券取引をわかりにくくさせている要因のひとつとなっています。

私も債券を仕事にするにあたって、最初の壁となったのがこれでした。逆に言うと、債券の利回りと価格の動きを理解すると、債券に対する理解がより深まるわけです。

利回りと価格の関係

具体例を参考にして、国債の利回りと価格の関係を見てみましょう。

利率1.5%、残存10年なら

たとえば、利率が1.5%、残存10年の国債があったとします。これは、100円につき半年ごとに0.75円ずつ（毎年1.5円）

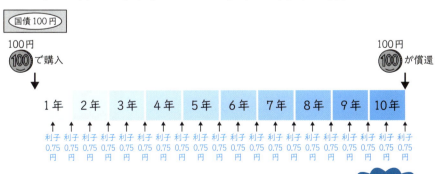

の利息が支払われるということを意味します（計算を簡単にするため非課税と仮定します）。

この国債の価格がちょうど額面金額と同じ100円の場合は、年あたりの「利回り」も利率と同じ1.5％になります。

額面100円を90円で購入すると？

しかし、もしこの国債の価格が90円の場合には、100円と90円の差額10円が**償還差益**となります。

この10円を保有期間で案分すると、1年あたりの差益は1円です。この1円が利子の1.5円とともに収益にカウントされるので、年間収益は2.5円になります。つまり、この90円の国債の利回りは2.78％となるわけです。

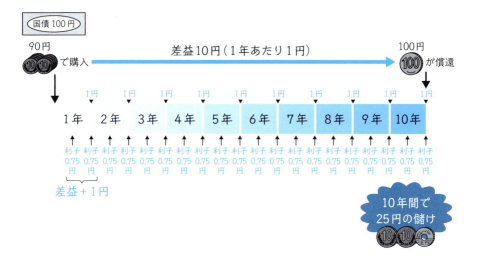

額面100円を110円で購入すると？

一方、額面100円の国債を110円で購入すると、1年あたり1円の差損となってしまいます。利子と合わせた収益は0.5円しかなくなります。利回りは0.45％です。

これが、**債券の価格が高いと利回りが低下し、債券の価格が安いと利回りが上昇する**しくみです。

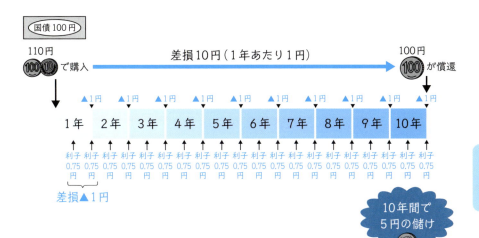

利回りから考える債券価格の動き

今度は、利回りをベースに考えてみましょう。

もし、長期金利が何らかの理由で1.5％から2.5％に急に上昇したとしてみましょう。すでに発行されている国債は年利1.5％ですが、新たに発行される10年の国債は長期金利の上昇を受けて、利率は2.5％程度に引き上げられます。

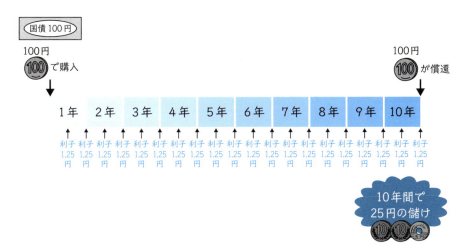

そうなると、利率1.5％の国債を買うより、利率2.5％の利率の国債を買ったほうが良い、ということになります。そのため、1.5％の国債は人気がなくなり、この債券の価格は下がっていくのです。

利率2.5％、残存期間10年なら

とはいえ、ある一定水準まで下がると、下げ止まります。その水準は両者の利回りが等しくなる92円近辺です。利率の差が償還差益で埋まるため、利回りで比較するとほぼ収益性が変わらなくなります。

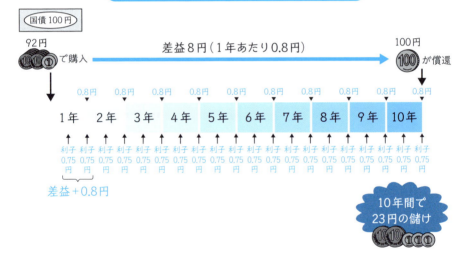

利率1.5％が2.5％と同等になる国債価格

利率0.5％、残存期間10年なら

反対に、長期金利が1.5％から0.5％まで急に低下したとしましょう。

新たに発行される10年国債の利率は0.5％近辺となり、利率1.5％の国債は人気化します。それでも取引される価格は110円あたりで落ち着きます。つまり、利回りベースで同じ水準となる価格まで上昇するわけです。

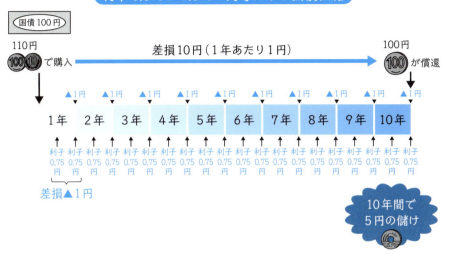

> ▶利率が上がると債券価格は下がり、利率が下がると債券価格は上がるので、債券の利回りと価格は反対に動く
> ▶債券価格は償還差益でトントンになるあたりで落ち着く

3-5 イールドカーブとは何か

債券は償還期間によって儲けられる額が異なるため、債券を売買する際には、利回りと償還期間の関係（イールドカーブ）を考慮する必要があります。

国債には政府短期証券（償還期限が1年以内の割引債）から40年債まで、さまざまな償還期間のものがあります。それぞれに利回りが存在します。

順イールドと逆イールド

債券の利回りと償還期間を関係を表すため、横軸を償還期間、縦軸を利回りで結んだ曲線をイールドカーブと呼びます。日本語では利回り曲線とも呼ばれます。

海外などでは複利ベースで見ることが多いのですが、日本では単利を使うことが多いようです。

このイールドカーブからは債券市場参加者の金利観が見えてきます。

債券はそれぞれ残存期間が異なるため、単純に利回りだけで比較することができません。

債券は、償還期間が長いほど、予想外の事態が発生するリスクが高くなります。償還期間が長い債券には、それだけ利回りにプレミアムが付いていると考えられるわけです。

このため、平常時、また金融緩和時のイールドカーブは右肩上がりを描くのが普通です。右肩上がりのイールドカーブを順イールドと言うこともあります。

これに対して、物価が急上昇し、中央銀行が政策金利を大きく引き上げた場合には、政策金利に連動する短期金利が上昇します。

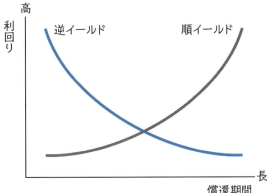

「この利上げで景気が悪化するかもしれない。将来は利下げに転じる可能性もある」と市場参加者が予想すると、長期間の利回りは短期間の利回りほど上昇しないケースもあります。これが**逆イールド**と呼ばれるものです。

つまり、金融引締め時や景気の悪化時には逆イールドになりやすいわけです。

現実に、米国などでは2022年3月29日から逆イールドが発生していました。

このようにイールドカーブは景気や物価の動向、中央銀行の金融政策のゆくえ、さらに市場参加者の今後の金利の予想などを通じて形状が変化します。

イールドカーブが決まる3つの仮説

債券のイールドカーブがどのようにして決まるのかを説明する代表的な仮説が3つあります。**純粋期待仮説**、**流動性プレミアム仮説**、**市場分断仮説**です。

純粋期待仮説

現在の金利の基幹構造は、将来の金利の期待値（予測値）によって決定されるという考え方です。

たとえば、右肩上がりのイールドカーブは、市場参加者が「将来、金利が上昇する」と予測していることを示します。

流動性プレミアム仮説

期間の長い債券ほど価格変動リスクが大きくなります。そのため、他の条件が同じなら、その分だけ長期金利は短期金利に比べてプレミアムが付き、高くなるという説です。

市場分断仮説

債券市場は市場参加者、主に投資家の投資する資金の性格によって、買い付ける債券の期間がある程度決定されます。そのため、イールドカーブは投資家の需給関係で決まるという理論です。

この仮説はどれかひとつが正解というわけではなく、いずれの理論もイールドカーブを形成している要因と思われます。

ただし、日銀のイールドカーブ・コントロール*が行われている際は、日銀が利回りを決めており、**中央銀行決定仮説**（？）も加える必要がありそうです。

しかし、日銀が長期金利をコントロールすることには無理があり、日銀は2024年3月に長期金利コントロールをやめて*います。

*イールドカーブ・コントロール
191ページ参照

*長期金利コントロールをやめて
205ページ参照

▷ イールドカーブは債券の利回りと償還期間の関係を表したグラフ
▷ 逆イールドは景気悪化時に起きやすい

第 4 章

金利はどのように決まるのか

4-1 金利変動の主要因はファンダメンタルズ

金利変動の大きな要因に、景気動向や物価などファンダメンタルズと呼ばれる外部環境があります。しかし、好景気に常に長期金利が上昇するとは限りません。さまざまな要因が重なり合って変動します。

長期金利の大きな流れを捉えるためには、**ファンダメンタルズ***と呼ばれる基礎的な環境要因を理解する必要があります。

金利の変動にはファンダメンタルズだけではなく、需給要因などを含めてさまざまな要因が複雑に絡み合っているのも事実ですが、ファンダメンタルズを理解せずに相場を読むことはできません。

> **ファンダメンタルズ**
> 国や企業などの経済状態などを表す指標のことで、「経済の基礎的条件」と訳される。
> 国や地域の場合、経済成長率や物価上昇率、財政収支などがあたる。

金利変動の法則

金利変動には決まった方程式はありません。とはいえ、ある程度の法則性があることも確かです。

たとえば景気と金利の関係では、**景気が良くなれば金利は上昇することが多く、反対に景気が悪くなると金利は低下します。**

好景気で消費が活発なときには、企業の生産活動は拡大に向かいます。その結果、企業の設備投資が増加し、資金の借入需要が強まることで金利に上昇圧力が加わるためです。

景気の過熱感があると**物価上昇圧力**が強まります。すると、インフレを抑えるため中央銀行*による**金融引き締め（政策金利の引き上げなど）**が想定されます。

中央銀行が政策金利を上げると、金利全般に上昇圧力が加わります。景気が良いときは、このような流れで金利が上がるわけです。

> *中央銀行
> 126ページ参照

もちろん、一概には言えません。たとえば景気が回復しつつある際に、その回復基調をより確固たるものとさせるため、政策金利の引下げなどの金融緩和を実施したりすることもあります。
　この場合には、景気の見通しがよいのに金利が下がるという状況になります。

　一方、景気が悪化した場合には消費活動が低迷し、企業の設備投資意欲も後退します。資金の借入需要が弱まることで、金利には低下圧力が加わります。
　消費活動が低迷すると、中央銀行は経済活動を活性化させるために、政策金利を引き下げます。そのため金利全体に今度は低下圧力が加わり、金利が下がるという流れができるわけです。

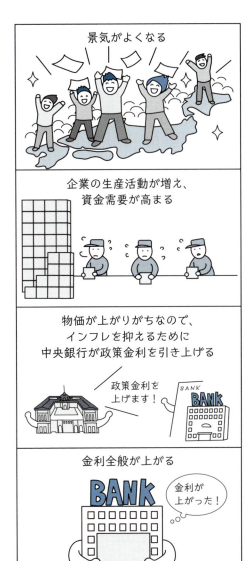

▷ 金利の変動はさまざまな要因があるが、ファンダメンタルズは必ず押さえておく
▷ 金利変動に絶対はないが、ある程度の法則性はある

4-2 物価動向と金利はどんな関係?

物価の上昇が起きると同じ金額で購入できるモノやサービスが減るため、お金の価値は相対的に下がります。つまりお金の価値と物価は反対方向に動くのです。

物価が上昇すると、お金の価値は相対的に下がります。同じ金額で購入できるモノやサービスが減るためです。つまりお金の価値と物価は反対方向に動きます。

物価と金利の関係についての原則は、以下のとおりです。

- 物価が上昇しインフレ圧力が高まれば、金利は上昇する
- デフレで物価が低下すれば、金利は低下する

しかし、物価だけで金利の動向が決定されるわけではありません。

たとえば**スタグフレーション***の懸念がある際には、物価上昇よりも景気の減速を重視して金融緩和策が打ち出されます。その結果、金利が下がることもあるのです。

スタグフレーション

スタグネーション(Stagnation)とインフレーション(Inflation)を組み合わせた造語。
通常、景気後退の際にはデフレ(物価下落)になるが、原油、原材料価格の高騰などが原因でインフレ(物価高騰)する状況。生活者にとっては厳しい経済状況になる。

インフレ
物価 景気

デフレ
物価 景気

スタグフレーション
物価 景気

🌱 物価指数の種類

ひとことで物価といっても、物価指標そのものもいくつか存在しています。何を持って**物価**とみなすのか認識する必要があります。

消費者物価指数

　物価の統計の代表的なものに消費者物価指数があります。消費者が購入する物価の動向を示す指標で、CPI（Consumer Price Index）とも呼ばれています。

　消費者物価指数は世帯の消費生活に及ぼす物価の変動を測定するもので、家計の消費支出を対象としています。このため、直接税や社会保険料などの非消費支出、有価証券の購入、土地・住宅の購入など実支出以外の支出は指数の対象に含まれていません。

総合指数

　日銀が金融政策の物価目標としているのが、価格変動の大きい生鮮食品を除く総合指数（コアCPI）です。これ以外に生鮮食品を含めた総合指数、生鮮食品およびエネルギーを除く総合指数（コアコアCPI）も発表されています。

企業物価指数

　日銀が発表している企業物価指数もあります。以前は卸売物価指数と呼ばれていました。

　企業物価指数は企業間で取引される商品の価格に焦点を当てた物価指数です。

　統計は国内企業物価指数、輸出物価指数、輸入物価指数から構成されていますが、市場で注目されているのは国内企業物価指数です。前年同月比での伸び率が注目されています。

物価上昇の原因

　物価が上昇した際にその要因として、コストプッシュ型とディマンドプル型に分けられることがあります。

コストプッシュ型

　原材料や資源の上昇を原因に商品価格を引き上げることで起こる物価上昇のことです。人手不足で賃金が高騰した場

合も、コストプッシュインフレの原因となります。

ディマンドプル型

コストプッシュ型に対して、ディマンドプル型とは、いわゆる供給サイドの要因によるインフレです。

好景気によりモノがよく売れることで需要が供給を超え、モノの値段が上がる需要サイドの要因によって生じる物価上昇を指します。

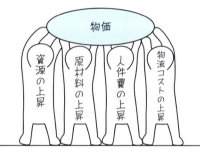

コストの上昇を販売コストに
上乗せすること

好景気で需要が増えることで
物価が上昇すること

▷ スタグフレーション時は景気後退でも金利が下がることがある
▷ 金融政策の物価目標は生鮮食品を除く総合指数

4-3 中央銀行の金融政策の流れを知ろう

日本銀行は物価の安定を図ることで通貨を安定させます。これによって日本経済の健全な発展を図るからです。これまでどのような政策をとってきたのか流れを見てみましょう。

日本銀行法の第二条には、以下のような文言があります。
「日本銀行は、通貨及び金融の調節を行うに当たっては、物価の安定を図ることを通じて国民経済の健全な発展に資することをもって、その理念とする」

「物価の安定を図る」を裏返すと「通貨価値の安定を図る」ということです。

この場合の通貨価値は、ドルなどの外国通貨に対する価値、いわゆる「円安」を阻止するという意味ではありません。国内で国民が安心して通貨、つまり「円」を使えるようにすることです。

「物価の安定を図る」ことで「通貨価値を安定させる」ために行われるのが金融の調節です。その金融の調整の指針を決めるのが金融政策となります。

🌱 戦後の高度経済成長から2015年までの流れ

中央銀行の金融政策は、通常は政策金利とされる短期金利での目標値を上げ下げすることによって行われます。

昔の日銀の政策金利は**公定歩合**と呼ばれる、日銀が金融機関に貸し出す際の金利が目標値でした。

規制金利時代は預金金利等の各種の金利が公定歩合に連動していたため、公定歩合が変更されると、こうした金利も一斉に変更されるしくみになっていました。

1947年	日本銀行と当時の大蔵省は、公定歩合を預金金利や短期貸出金利と連動させることで金利を規制していた。
～1994年	1970年代から自由化が開始され、1994年に完了。各銀行、証券会社などはそれぞれ自由に手数料を決められるので、競争が起きるようになった。1990年代には無担保コールレート（オーバーナイト物）が政策金利となる。
1995年	短期市場金利を誘導するオペレーション（公開市場操作）を通じて金融市場調節を行うようになる。
1998年	無担保コールレート（オーバーナイト物）を何％で推移させるか誘導目標を立てる。
1999年～2000年	ゼロ金利政策が実施される。無担保コールレート（オーバーナイト物）はできるだけ低い推移を促す。
2001年	量的緩和政策が開始される。操作目標が日本銀行当座預金残高に変わる。
2006年	量的緩和政策が解除される。金融市場調節の操作目標が再び無担保コールレート（オーバーナイト物）になる。
2013年	量的・質的金融緩和が開始。金融市場調節の主たる操作目標がマネタリーベースに変更される。
2016年	マイナス金利付き量的・質的が開始される。同年9月「長短金利操作付き量的・質的金融緩和」で長期金利の操作が開始される。
2024年	マイナス金利が解除される。金融市場調節の操作目標が無担保コールレート（オーバーナイト物）に戻る。

しかし、1994年に**金利自由化が完了**し、公定歩合と預金金利との直接的な連動性はなくなりました。

この連動関係に代わって、現在、各種の金利は金融市場における**裁定取引***によって決まるようになります。

1990年代以降は**無担保コールレート（オーバーナイト物）**が金融市場調節の主たる操作目標、つまり政策金利となりました。

1998年には「無担保コールレート（オーバーナイト物）を、平均的に見て〇％前後で推移するよう促す」などとする金融市場調節方針が定められるようになりました。

こうした方針のもとで、実際の市場調節を担当する金融市場局では、**オペレーション（公開市場操作）**を通じて、無担保コールレート（オーバーナイト物）を適切な水準に誘導したのです。

ゼロ金利からマイナス金利、そして解除へ

ところがこの政策金利が引き下げられて、目標値がゼロとなってしまったのが、ゼロ金利政策でした。

政策金利が実質的にゼロ％となってしまった段階で、さらなる金融緩和としてとられたのが非伝統的手段と呼ばれたものでした。

政策目標を、金利ではなく日銀の当座預金残高とかマネタリーベースとした**量的緩和政策**、政策金利をマイナスとした**マイナス金利政策**がそれに該当します。

日銀によってマイナス金利政策が決定されたのは、2016年1月のことです。このマイナス金利が関わるのが、民間銀行が日銀に資金を預ける際に使われる**当座預金**に付く金利（**付利**と呼ばれる）となっています。

といっても、当座預金のすべてにマイナス金利が適用されるわけではありません。3階層に分割され、それぞれプラス

> **裁定取引**
> 2つの金利の動きに普段安定した関連性が見られ、変化した金利差は再び元の水準に戻る、ということを前提とした取引。

階層構造になっている日銀の当座預金

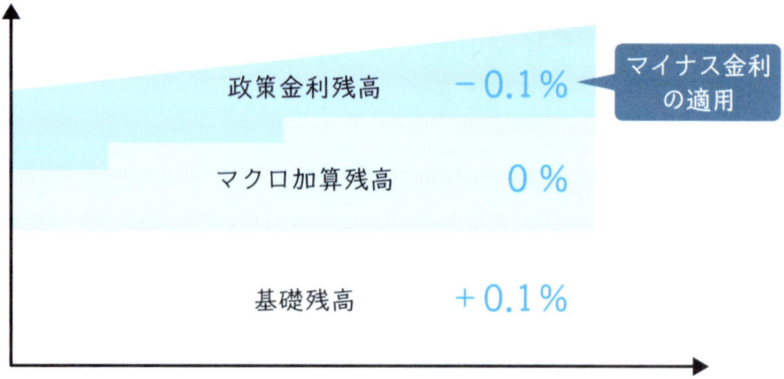

政策金利残高　−0.1%　←マイナス金利の適用

マクロ加算残高　0%

基礎残高　+0.1%

＊日銀資料より作成

金利、ゼロ金利、マイナス金利が適用されるしくみです。かなり理解しづらいしくみでした。

　日銀の目的は「政策金利である短期金利の水準をオペレーションを通じて目標値に誘導し、これによってより長めの金利に影響を与え、物価や経済に影響を及ぼそう」というものです。
　ただし、2016年9月からは、長期金利もコントロール下に置くことになりました。
　2022年12月に日銀は長期金利の上限を1％目途とすることで、実質的な形骸化を図っています。
　そして、2024年3月19日、日銀はマイナス金利政策を解除し、イールドカーブ・コントロールも撤廃し、非伝統的手段から、普通の金融政策へと戻しました。

▷ 日本銀行は国内で国民が安心して「円」を使える（通貨価値）ように図る
▷ 2024年に日銀はマイナス金利政策を解除した

国の債務である国債は金利と大いに関係する

国債は税収でまかなえない分を補うものであり、国の債務でもあるので、予算編成の中に「償還費」と「利払い費」という項目が立てられています。

国の**財政**と**金利**は関係はないと考えている人も多いでしょう。国の財政支出や税収などに金利が直接影響することはないと思われるかもしれません。

ただし、国の債務である国債には金利が大きく影響します。

🌱 国債は国の債務でもある

一般的に**国債**は、証券発行をともなう国の金銭債務として捉えられています。広い意味では、国が負担するすべての債務のことを指しています。

つまり国の財政で、税収などでまかなえない分を国債を発行して補っているのです。簡単に言えば、国債は国の債務、借金になります。

国債には通常、利子が付いてきます（**利付国債**）。国債の利子の割合は**利率**と呼ばれます。

また国債は値動きがあり、価格が変動します。

国債の償還は額面100万円であれば、100万円で償還されます。価格が90万円（通常、額面100円に対して90円と表現される）なら10万円分が利益となり、それを年あたりの収益として利率に加えたものが、**利回り**です。

国の予算編成費用の中には、**償還費**と**利払い費**という項目があります。

予算を組むうえで、利払い費の算出をするために、**想定金利**と呼ばれる予想金利も存在します。たとえば2024年度で

あればその想定金利は1.9％とされました。この想定金利を元にして年度内の利払い費がどの程度となるのかを試算しているのです。

当然、金利が上昇すれば利払い費も増えることになります。

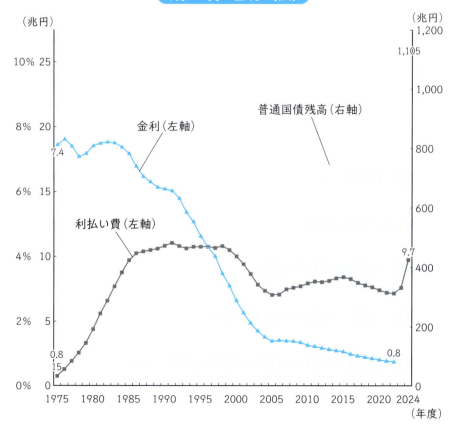

利払い費と金利の推移

＊財務省ホームページ「財政に関する資料」より作成

▶ 国の予算編成の中には償還費と利払い費が組み込まれている
▶ 想定金利より上昇すると利払い費が増える

4-5 債券の格付けは金利に影響を与える

債券は、発行体の信用度によって金利が変わります。信用度が高ければ金利は低く、信用度が低ければ金利は高くなるのが基本的な関係です。その信用度はどのように決まるのでしょうか。

もしあなたがそれなりの金額を他人に貸すとき、相手が家族や信用のおける人であれば、無利子で貸すかもしれません。しかし、あまり信用できない人にはお金を貸すことをためらうでしょう。

債券も、債券を購入した人にとってみると、償還日までお金を貸したようなものです。信頼ある発行元の債券を購入したいと思うのは当然のこと。債券の信頼度を確認したいときに参考になるのが**格付け***です。

格付けと**金利**の関係は、突き詰めていえば、信用度合いと金利の関係です。

> **格付け**
> 債券にどれぐらいの価値と信用があるか、格付け会社がランク付けしたもの。
> 債券を発行した国や企業等の債務支払い能力を表したものとも言える。

🌱 信頼できる相手なら金利が低くなる

銀行などは、私たちの預金を原資として、それを企業などに貸し出すことで、**利ざや**を稼ぎます。

我々は銀行に「お金を預ける」という感覚で金庫代わりにしていますが、預金は銀行に「お金を貸している」ということでもあります。

その預金を銀行が企業に貸す場合、銀行は相手先の企業の業績等を調査したうえで、その信用度に応じて金利を設定します。

　つまり、貸したお金が確実に戻ってくると予想した場合には、多少低い金利でも貸し出すわけです。
　反対に、企業の業績等にやや不安がある場合には、融資を断るか、高めの金利を設定することになります。

社債の利子の決まり方

　企業の資金調達方法には銀行からの融資もありますが、自ら債券を発行し、不特定多数の人から資金を借りるという手段もあります。

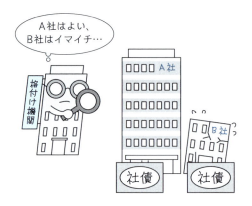

　社債などは証券会社などが幹事会社となって発行されるのですが、その発行に際して格付け会社から格付けを取得します。
　格付け会社はその企業の信用度を調査したうえで、どのクラスに相当するのか、格付けを決定します。
　その社債の利子は格付けに応じて決められます。通常は、同じ期間の国債の利回りを基準として、どの程度プレミアムを付けるのか、という視点で格付けに応じて決められます。

つまり、格付けがよい（＝信用度が高い）企業は低い金利で発行でき、格付けがよくない（＝信用度が低い）企業は高い金利が求められるわけです。

格付け会社は国の格付けも行っています。国の格付けは、**勝手格付け**とも呼ばれます。
　これは格付け会社が国に頼まれて格付けするのではなく、社債などの基準金利を定めるのに、国債の格付けが必要となるため、勝手に（？）格付けを行っているのです。

▶格付け会社が債券の信頼度をランク付けし、そのランクが金利に影響を与える
▶同じ期間の国債の利回りを基準とすることが多い

❹-❻ 海外の金利動向などに影響を受けるのか？

> グローバル時代と言われて久しくなりますが、諸外国の動きや国際的な出来事と日本の金利はどのような関係にあるのでしょうか。政策金利は日本の経済状況によって決まりますが、影響は受けるようです。

基本的に、**海外の金利動向が日銀の金融政策に影響を及ぼすことはあまりありません。**政策金利は、あくまで自国の経済や物価動向によって決定されるからです。

このため短期金利については海外の金利動向の影響は受けにくいと見ていいかと思います。

🌱米国の長期金利と日本の長期金利の関係

*長期金利
37ページ参照

これに対して、**長期金利***に関しては海外の金利、特に米国の長期金利の動向に影響を受けることがあります。むしろ、影響を「受けやすい」と言えるかもしれません。

これは、**米国債の動向**が**日本の国債市場**に大きな影響を与えるためです。

海外との金利差が外為市場に影響を与えて物価に跳ね返り、日銀の金融政策に影響を与えることなども考えられます。

2022年あたりに顕著な出来事がありました。

*FRB
144ページ参照

米国の中央銀行のFRB*が政策金利を引き上げていたときのことです。日銀は強力な金融緩和の方向性を変えることすらしませんでした。

そのため日米の金利差が大きくなり、より金利の高い通貨が買われることで、円安ドル高となったのです。

円安だと輸入物価が上昇します。日本の消費者物価が高止まりするひとつの要因となりました。

米国FRBが政策金利を引き上げるが、日銀は金融緩和(低金利)のまま

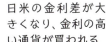
日米の金利差が大きくなり、金利の高い通貨が買われる

円安ドル高となり、消費者物価が高止まりする。消費者の生活が苦しくなる

　このため、潜在的な金利上昇圧力がかかり、日銀は長期金利のコントロールの解除に追い込まれたとの見方もできます。

諸外国で起きるリスクと日本の金利

　2022年から、世界的な物価や金利の上昇が起きたことを覚えている人は多いでしょう。この原因は、**新型コロナウイルスの感染拡大**と**ロシアによるウクライナ侵攻**による影響が大きかったといえます。

　ロシアによるウクライナ侵攻などは地政学的リスクとも呼ばれ、**地政学的リスク**が物価などを通じて金利形成に影響を与えることもあります。

　イスラエルとハマスの戦闘などもありました。中東情勢次第では原油価格への影響もあります。原油のほとんどを輸入に頼る日本にとって、原油価格の上昇は物価に大きく影響を与えてしまいます。

なお、地政学リスクの高まりによって、**安全資産**が買われるといったケースがあります。

質への逃避と呼ばれるものですが、この場合の安全資産には米国などの国債が挙げられます。

日本国債も安全資産とみなされていることで、何かしらのリスクが生じた際には国債が買われがちです。すると、長期金利は低下します。

質への逃避では、「より安全」とされるドルが買われることがあります。この場合はドル高に傾きます。

もちろん、円が買われて円高となるケースもあります。この円高が日銀の金融政策に影響を与えることもあるので、諸外国で起きた何らかのリスクが日本の金利に影響を与えることはある、と言えます。

地政学的なリスク、何らかのリスクが起きる

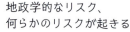

投資家が安全資産を買うようになる

日本国債が買われて長期金利が低下する

▶ 米国債や米中央銀行の政策が日本の長期金利に影響を与えることがある

▶ 諸外国で起きるリスクが金利に影響を与えることがある

第 5 章

投資と金利の関係

5-1 適切な金利の読みが資金運用には必要

国債などの債券は、金利が上がると価格が下がり、金利が下がると価格が上がるという「反対の動き」をします。債券で資金運用するなら、今後の予想を立てて、ベターのタイミングを狙いましょう。

国債などの債券は、金利と価格が反対に動きます。

＊長期金利
37ページ参照

たとえば長期金利＊（10年国債の利回り）が低下すると、国債価格は上昇します。反対に長期金利が上昇すると国債価格は下落します。

債券は価格と利回りが反対に動く

金利の変動で運用実績が変わる

これから「金利全般が上昇する」と予想している際に債券を購入するとしましょう。もし予想どおりに金利が上昇すると、購入した債券の価格が下落してしまいます。

それでも、償還日（満期）まで持てば額面金額が戻ってくるので問題ないと思われるかもしれません。しかし**適切な対応をしたほうが、資金運用の実績がよくなる**可能性があります。

たとえば年利1％の10年国債を購入すると、10年間は年利1％の利子が支払われます。

しかし、1ヶ月後に10年国債の利回りが2％に上昇したとしたら、10年間2％の利回りになると予想されるのです。利子収入に大きな差が生じるリスクがあります。

このため、「現状の金利水準が低い」と判断して、「今後の金利は上昇する」と予想するのであれば、下記のいずれかの方法がより有利になると考えられます。

- 現金のまま保有する
- なるべく期間の短い債券を購入し、ある程度金利が上昇してから長期債に乗り換える
- 固定利付ではなく変動利付の債券、たとえば10年変動タイプの個人向け国債を購入する

逆に、「今後は金利が低下する」と予想している際には、なるべく利回りが高いうちに長期の固定利付のものを購入することが望ましいと考えられます。

予想どおりに金利が低下した場合、満期まで高い金利が維持されます。債券の価格が上昇すれば、途中で売却して売却益を得られることも考えられます。

個人で債券を購入する場合のタイミング

個人が債券を購入する場合、特別に現金が必要となった場合などを除いて、満期まで保有するケースが多いでしょう。そのため、金利が上昇したタイミングでの購入を狙う必要があるかと思います。

債券を購入するということは、手元の資金を運用するということです。その資金の性質により、どの程度の期間運用するのかは異なります。このあたりの兼ね合いも難しいところです。

▷ **債券の金利と価格は反対の動きをする（金利が上がると価格は下がる。金利が下がると価格は上がる）**
▷ **債券で資金運用するならタイミングを見極める**

5-2 債券の売買に具体的な市場はない

債券は具体的な取引所ではなく、投資家と業者が行う直接取引が主になっています。プライマリー・マーケットとセカンダリー・マーケットをおさえておきましょう。

現物債
有価証券そのもののこと。信用取引や先物取引などと区別するために「現物取引」などと言われる。

債券の**現物債***の取引は市場で行われていますが、取引所のような具体的な市場はありません。株式の取引のように、取引所を中心に売買されているわけではないということです。

投資家と業者が相対で行う**相対店頭取引**が主体となっています。

国債市場特別参加者と流通市場

債券の中心となっている**国債**は、財務省による入札で発行されています。この入札に参加しているのが**国債市場特別参加者**を中心とした**証券会社**や**銀行**などです。

プライマリー・ディーラー
欧米で導入されている国債の安定消化促進、国債市場の流動性維持・向上などを図るしくみ。

国債市場特別参加者は米国**プライマリー・ディーラー***の日本版といえる存在です。大手証券会社など一部の金融機関に国債市場特別参加者という特別な資格を与えることで、国債の安定的な消化の促進、国債市場の流動性の維持・向上等を図っています。

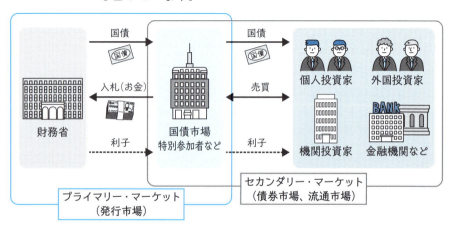

プライマリーに対してセカンダリーという表現があります。**セカンダリー・マーケット**は債券を売買する流通市場もしくは債券市場のことです。

業者と業者で店頭取引

新たに発行される債券は「新発債」、すでに発行された債券は「既発債」と呼ばれます。

国債は原則として発行日から証券取引所に上場されています。証券取引所における売買は株式などに比べれば極端に少ないのが特徴です。

国債は、証券取引所に上場されて売り買いされるより、業者と言われる銀行や証券会社と機関投資家の間で、もしくは業者と業者の間で、直接売買されています。

この直接取引は、取引所取引と区別するため店頭取引（OTC）とも呼ばれています。

店頭と言っても証券会社などの店頭で売買が行われるわけではありません。主にインターネットや電話などを介して行う金融機関同士の直接取引です。

日本相互証券で債券の売買状況を確認する

債券市場では、なぜ店頭取引が主体になっているのでしょうか。

それは、債券の銘柄数は多いものの、各銘柄間に金利裁定が働くため同じ方向に動くことが多く、個別銘柄ごとに競争売買を行う取引所売買になじまないからと言われています。

債券は店頭取引が主流ですが、個別の店頭取引の状況は第三者にはわかりません。また、現物を売買するにあたって、業者や投資家も何かしら相場の居所を目安にするものが必要になります。

そのため、市場参加者が注視しているのが、証券会社間の債券売買の仲介を目的に1973年7月に設立された**日本相互証券**での売買状況です。

業者の債券のディーリングルームには、日本相互証券の端

末を設置しています。この端末を通じて、顧客との売買を行うための国債の手当てやポジション調整の売買を行っているのです。

日本相互証券の端末を見れば、国債を主体とした債券の売買状況を確認することができます。

入札されたばかりの現物債、カレント物

現物債の中でも直近に入札されたものは比較的売買されることが多く、**カレント物**と呼ばれています。特に2年国債、5年国債、10年国債、20年国債のカレント物の日本相互証券での利回りの推移が注目されています。

また、ニュースなどで長期金利と呼ばれているのは10年国債のカレント物の流通利回りです。日本相互証券で付けたカレント物の10年国債の利回りが通常、長期金利と呼ばれます。

債券相場の居所を探るためには、大阪取引所に上場されている長期国債先物（以下、債券先物）の値動きも重要です。

債券先物は、日本相互証券でのカレント物の国債取引と異なって、取引時間中は常に値動きがあります。そのため、債券相場の動向を探るために市場参加者はその値動きを追っています。

▶ 国債は財務省が発行し、財務省が認定する国債市場特別参加者などの業者が購入するのがプライマリー・マーケット
▶ セカンダリー・マーケットは流通市場

5-3 投資家と業者は債券売買の中心的存在

株式市場や外為市場とは違い、債券の売買には個人はあまり参加していません。では、どんな機関、法人が債券を取引しているのでしょうか。その業務内容や役割を紹介します。

債券売買の中心は、**投資家**と**業者**（証券会社や金融機関のディーラー部門）、もしくは業者同士での取引です。株式市場や外為市場と異なり、個人はほとんど参加していません。

債券市場においては、証券会社だけではなく、大量の国債を抱えている銀行などの金融機関にもディーリング業務が認可されている点も特徴です。

国債残高の増大により金融機関にディーリング業務が認可されたわけですが、その認可とともに債券市場そのものが拡大してきました。金融機関にとってディーリング業務は大きな収益源のひとつともなっているのです。

債券ディーラーの役割

債券ディーラーは、顧客である投資家との売買を円滑に行うために、一定の在庫を保有しています。

投資家の売りに対しては自己勘定で買い向かい、投資家の買いについては自己の保有在庫などで対応します。

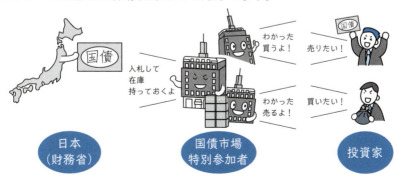

> **資産運用会社の投資戦略**
>
> 　一部の海外の中央銀行や年金などの資産運用会社等は、グローバルな債券インデックスをベンチマークにしています。
> 　自社の債券ポートフォリオと債券インデックスとの価格変動を近づけるよう、債券インデックスの採用銘柄の構成に合わせるため、日本国債を自社のポートフォリオに組み入れる投資戦略をとっています。
>
> 　ヘッジファンドは、デリバティブを駆使して積極的にリスクをとったり、比較的短期での投資を繰り返して収益を高めようとしたりしています。

　国債の発行において重要な役割を担っているものに、**国債市場特別参加者制度**があります。指定を受けた証券会社や銀行（**プライマリー・ディーラー**）に対し、一定の規模の国債の入札や落札、市場の状況などの報告が義務付けられる代わりに、一定の優遇措置が認められる制度です。

　財務省が発表した**国債市場特別参加者制度運営基本要領**によると、「国債の安定的な消化の促進並びに国債市場の流動性、効率性、競争性、透明性及び安定性の維持並びに向上等を図ること」が制度の主な目的となっています。

　国債市場特別参加者（プライマリー・ディーラー）となった参加者に対しては、責任が求められる反面、資格も与えられます。
　国債入札への積極的な参加など、国債管理政策上重要な責任を果たす一定の入札参加者に対し、**国債市場特別参加者**として特別な資格を付与しているのです。

　プライマリー・ディーラーは国債発行の大きな担い手で、発行する財務省と投資家の橋渡し的な役割も持っています。
　政府の債務として財務省が発行する国債を、投資対象の商品として市場に円滑に流通させる役割です。

🌱 海外投資家の中身

海外投資家とまとめて呼びますが、その中身や投資の目的はさまざまです。

中央銀行、国際金融機関、年金基金、生命保険会社、資産運用会社などリアルマネー投資家と言われる機関投資家に加え、海外ヘッジファンドもいます。

2022年における日銀の**イールドカーブ・コントロール（以下YCC）の修正**＊観測のとき、債券先物や直近発行された10年国債を積極的に売り仕掛けをしていたのが海外ヘッジファンドでした。

このときは、国債を売って利回りを上昇させることで、YCCの長期金利のレンジ上限突破を狙い、日銀にYCCを解除させようとしていました。

＊ **イールドカーブ・コントロールの修正**
202ページ参照

🌱 海外投資家の狙い

多くの海外投資家は、**利息収入**や**キャピタルゲイン（差損益）**狙いで、さまざまな投資戦略により日本国債に投資しています。

よく聞くのが、「日本国債市場は低金利、かつ低**ボラティリティ**＊の環境下であるものの、保有するドル等の外貨から

📓 **ボラティリティ**
価格変動の度合いを示す言葉で、ボラティリティが高い（大きい）とは、株価などの価格の動きが大きい（荒い）ことを示す。逆にボラティリティが低い（小さい）とは、価格があまり動いていないことを示す。

第5章 投資と金利の関係

115

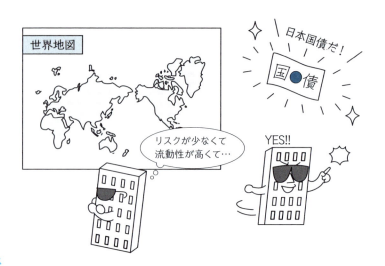

通貨ベーシススワップ
異なる通貨の元本を一定の為替レートのもとで一定期間交換し、その間、それぞれの通貨に生じる変動金利を交換する取引のこと。

バーゼル規制
グローバルな活動をする銀行の自己資本比率などについての国際統一基準。

流動性カバレッジ比率
銀行や市場にリスクが1ヶ月続いた場合に、流出する資金と保有する資金の比率。

適格流動資産
High Quality Liquid Assets (HQLA)。危機時にも大きく減額せずに換金できる資産。

通貨ベーシススワップ*を利用して日本国債に投資すればプレミアムを得られ、日本国債への投資妙味が出てくるから、短中期の日本国債に投資している」というものです。

多額の現預金を保有する海外投資家が、次の投資先が決まるまでの現預金の運用に利用することもあります。比較的リスクが低く、かつ流動性が高い短期債への投資です。

この場合、基本的には、満期償還後に再投資を繰り返すのが一般的です。たとえば、現預金が多い海外事業会社はこの目的で日本国債などの債券に投資します。

海外の銀行がバーゼル規制*で求められる流動性カバレッジ比率*を満たすため、算出時に分子に計上される適格流動資産*として、日本国債を保有することもあります。

金融機関の海外支店

海外の金融機関の日本支店が、緊急時に日本銀行からドルを調達できるよう、日本銀行に対する差出担保用に日本国債を保有することもあります。

逆に、日本の金融機関の海外支店が、米国の中央銀行制度であるFedからドルを調達する目的で、Fedに対する差出担保用に日本国債を国際決済機関の振替口座に保有する場合もあります。

Fed
Federal Reserve SystemのFederalの略で、Fed（フェッド）と呼ばれる。日本語では連邦準備制度。一方、FRB（連邦準備理事会）は日銀に相当し、Fedの最高機関として米国の金融政策を策定・実施する。各地区の連邦準備銀行（FRB）の総括も行う。

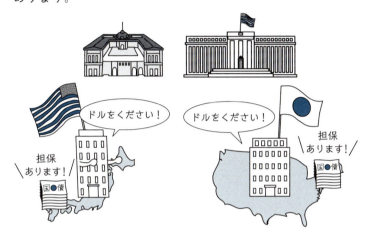

第5章 投資と金利の関係

▷ 証券会社や銀行などの金融機関に債券ディーリング業務が認可されている

▷ 海外投資家は投資戦略で日本国債に投資する

5-4 金利と外為市場に関係はあるのか？

> 基本的にドル円は為替市場によって決まるため、金利とは直接関係ないように思えます。実際のところはどうでしょうか。実は、間接的な影響は受けているのです。

ドル円やユーロ円など**外為**の動きと**金利**の動きの相関関係について考えてみたいと思います。

為替水準はどうやって決まるのか？

ドル円などの水準は、購買力平価で決まるとする説があります。

購買力平価説は、「為替レートは自国通貨と外国通貨の購買力の比率によって決定される」という説です。

よく使われるのがマクドナルドのビッグマックの価格（ビッグマック指数[*]）です。ただしこれは原材料価格の違いなどもあり、絶対的なものではありません。

ビッグマック指数
「ビッグマックがいくらで売られているか」をそれぞれの国で比較したもので、各国の経済力を測る目安と言われている。イギリスの経済誌「エコノミスト」が発表している。

アメリカとの金利差が円安を生んだ

そもそも**ドル円**は**外為市場**、**長期金利**は**債券市場**で形成されるものです。**短期金利**については**中央銀行の金融政策**による影響が大きいのです。

ドル円	→	為替市場で形成される
長期金利	→	債券市場で形成される
短期金利	→	中央銀行の金融政策の影響を受ける

中央銀行はどのようにして政策金利を決めているのでしょうか。

　2022年あたりからの世界的な物価上昇に対し、欧米の中央銀行は積極的な金融引き締めを行いました。

　日本でも物価は上昇しましたが、日銀はなぜか動きません。2024年3月19日までマイナス金利政策の解除すら行わなかったのです。

　市場は結局、この中央銀行の対応の違いを材料に動くことになりました。結果的に、**金利差**が生まれたわけです。

　ドルなどの動きを決定する要因のひとつに、金利差があります。同程度の信用度であれば、お金は金利が低いところから高いところに向かいます。

　なぜなら、お金の運用先として、同じ信用度であればより高い金利で運用しようと考えるからです。たとえば米国債の利回りが4％で日本国債の利回りが1％なら、単純に金利差だけで考えると、「1％でなく4％で運用しよう」と、ドルに資金が向かいます。円を売ってドルが買われやすくなるのです。

　日銀が何もせず、FRBが利上げをすれば、ドルが買われ、円が売られるわけです。円安になるのは当然でしょう。金利差だけが為替変動の要因ではありませんが、大きな要因のひとつとなっています。

　つまり、ドル円は為替市場で形成されるものだけれど、中央銀行の金融政策によって金利差が生まれると、債券市場・為替市場に影響を与えてドル円が変化することがある、ということです。

▷ 為替も金利も、正しく動きを予測することは困難
▷ 金利差が生まれると、信用度が同じであればより高い金利が付いた国の通貨に資金が向かう

5-5 金利と株式市場に関係はあるのか？

株価は景気がよいと上がり、悪化すると下がります。金利も景気がよいと上がり、悪化すると下がるのですが、ほぼ同じ動きをすると考えられます。ただし、そう単純なケースばかりではありません。

株価と長期金利の関係については、これも相関関係がありそうですが、一概には言えません。

株価と金利を動かすそれぞれの要因

株価は景気動向を示す先行指標のひとつです。**株価が上昇している際には金利も上昇し、株価が下落傾向にある際には金利も低下傾向**となることは大きな流れとしては言えるかもしれません。

ところが、たとえば景気が悪化したために政府が景気刺激策を打ち出したとします。その手段として、国債の増発は十分にあり得る話です。

もし国債を増発すると、国債の需給が悪化して国債の価格が下落、つまり長期金利が上昇してしまうこともあり得ます。

繰り返しになりますが、金利そのものを動かす要因と株価を動かす要因には、景気や物価などの共通する要因があります。その半面、金利と株価それぞれの需給に影響を与える要因もあるわけです。

この点を意識しないと、金利が上がったから株価も上がると決めつけて、危険な行動をとる可能性があります。注意が必要です。

おもしろい事例を紹介しましょう。

日経平均株価は2023年2月22日にバブル期の1989年12月29日に付けたこれまでの最高値（3万8915円）を上回り、過去最高値を更新しました。

　これを受けて、保有株を売却しなければいけない投資家が出てきます。株価が上がると喜んで売却する人も多いのですが、機械的に売却を迫られる投資家もいるのです。
　それは年金を運用している人たちでした。
　年金運用では、株と債券の保有比率があらかじめ決められています。ところが株価の上昇によって、株式の保有比率が規定を超えてきてしまったのです。
　保有比率の決まりを頻繁に変更することはできません。そのため、保有比率を戻すことを目的に、保有株式の一部を売却する必要が出てきたわけです。その売却資金は、保有比率が低下した債券に振り向けることとなります。
　つまり、株価が上昇したことで株が売られ、債券が買われるといった事態が発生したのです。このような動きは**年金運用のリバランス**と呼ばれています。

▷ **金利と株価は大まかに同じ動きをするが、国債を増発した場合は金利が上がることがある**
▷ **年金運用には保有比率が定められている**

5-6 金利の動きと設備投資に関係はあるのか？

一般的に、企業が設備投資をする際には大きな資金が必要です。そのため、金利が上がったり下がったりすると、企業の設備投資への意欲に影響を与えます。

金利が回復すると、設備投資への影響も考えられます。

企業が保有資金で設備投資を行う際には、あまり金利のことは考慮しなくてもよいでしょう。しかし銀行などから借入れしたり、社債を発行したりして資金を手当てする場合は、金利の影響が大きくなります。

収益性と金利の兼ね合い

融資を受ける立場からすると、金利が低いときに借り入れたほうが金利返済の負担が少なくてすみます。

ただし、金利が低いときは景気も低迷しているのが一般的です。収益性を考えると、設備投資の拡充はリスクになることも考えられます。このため設備投資による収益性と金利の兼ね合いが重要視されます。

むしろ金利が上昇することで、世の中のお金が動き、景気そのものも良くなることも予想されるのです。

景気そのものが回復基調になれば、個人消費が増加が見込めます。ある程度の金利上昇があろうと、企業は設備投資を拡充してくることが予想されるのです。

この設備投資の拡充のために資金需要が高まり、金利の上昇要因となるわけです。

もちろん、あまり金利が高騰してしまうと設備投資の抑制要因となる懸念もあります。

ただし、金利上昇が設備投資を押し下げる効果は昔に比べ

て低下しているという試算もあるようです。

　ある試算によれば、金利１％上昇で設備投資はマイナス１％台の減少にとどまるそうです。
　1980～90年代はマイナス３％台でしたから、減少幅は半減しています。この背景には、借り入れの減少と無形資産の増加が挙げられると指摘されていました。

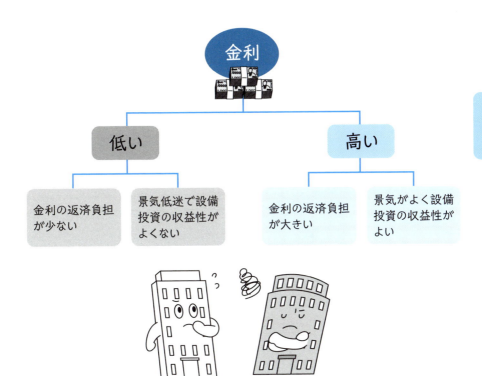

▶金利が低いと金利の返済負担が小さいが、景気低迷の場面が多く、設備投資の収益性は下がる
▶金利が高いと返済負担が大きいが、収益性は高い

第 6 章

日本銀行と
政策金利

6-1 中央銀行の役割を日銀を通して考える

日々の生活にはあまり関わりのないように感じる日本銀行ですが、私たちのお金を通じて経済を支える大きな役割を持っています。日銀の役割と、その独立性について紹介します。

私たちは水道の蛇口をひねれば水を使え、スイッチを入れると電気が使えます。このように、生活に密接に関わっている上下水道や電気、都市ガスなどのしくみは、ある程度、理解しているかもしれません。

しかし、<u>中央銀行</u>の目的や役割、動きについて理解している人は多くないのではないでしょうか。

私たちがお金をいつでもどこでも安心して使える理由、お金を渡せば物が買える理由など、お金のしくみを理解すると、中央銀行の存在理由がわかるようになります。

この章では、日本の中央銀行である<u>日本銀行（日銀）</u>を例に、中央銀行がどのような役割を担っているか見てみましょう。

キャッシュレスや暗号資産と中央銀行

キャッシュレスに興味を持っている人は多いでしょう。また、ビットコインなど暗号資産（以前は仮想通貨と呼ばれていた）についても関心を持つ人がいると思います。

キャッシュレス化もビットコインも、キャッシュ、つまり「現金紙幣とは何なのか」という根本的な知識がないと理解が難しいものです。

さらに、現金紙幣の知識をつけるためには、中央銀行が果たしている役割、業務そのものを知る必要があります。

日銀の主な役割

日銀の役割について、学生時代に政治経済の授業で勉強した記憶がある人もいるでしょう。

物価、金融システムの安定という目的は、日銀が「**銀行の銀行**」と呼ばれるゆえんです。

なお、日銀の業務内容については、129ページで改めて紹介します。

金融政策によって物価の安定を図って、経済の健全な発展に努める

お金の決済や貸し借りのしくみなど、金融システムを安定させ、スムーズな経済活動を支える

日銀の金融政策と独立性

日銀について、「金融政策を決めているところ」という印象が強い人もいるでしょう。

たしかに、日銀は政策金利を上げ下げするなどの金融政策を決定しています。金融政策で景気や物価に影響を与える大きな役割を持っているからです。

そのため、株が下がったり、円高になったりすると日銀に対して「政策金利を引き下げるなど金融緩和をしろ」という声が世間から強まります。

国のトップがあからさまに日銀に金融緩和策を求めたり、法改正などをちらつかせて異次元の金融緩和策を求めたりすることも、過去に実際にありました。

これは、裏を返すと、政府ができない仕事を日銀がしているからでもあります。

ただし、このような政府の言動に問題がないわけではありません。日銀には**独立性**＊があるからです。

それなのに、なぜ政府は日銀の独立性を脅かすようなことをして金融緩和策を求めてくるのでしょうか。

ここには、日銀の金融政策による効果への幻想があります。つまり、日銀の金融政策には絶対的な効果があるという思い込みです。金融市場が金融緩和の効果を期待することも多くあります。

幻想と書きましたが、中央銀行が金融緩和を示唆することで実際に影響が出ることもあります。

たとえば、金融緩和は景気を回復させるという単純な発想から実際に株価が上がったり、日米金利差拡大が意識されることでドル高円安になったりします。

このような状況が日本経済にはプラスという市場の受け止めもあります。

そのため、日銀の利上げは日本経済にとってマイナス、株価にとってマイナスというイメージがあります。金利のある世界に戻すことに対しても批判的な見方が出てきてしまうため、政府は金融緩和を日銀に求めてしまうのです。

> **独立性**
> 物価の安定が確保されなければ経済全体が機能不全に陥るため、金融政策運営は政府から独立した中立的・専門的な判断に任せたほうがよいという考え方が一般的にある。
> 日本銀行法でも、「業務運営における自主性は、十分配慮されなければならない」としている。
> ただし同時に、日本銀行法では「常に政府と連絡を密にし、十分な意思疎通を図らなければならない」ともしている。

▶ 日銀の目的は物価、金融システムの安定で、金融政策を決定している
▶ 日銀の政府から独立性は配慮されなくてはならない

6-2 日本銀行は何をしているのか

> 本来、紙であるお札に価値を与えている日銀は、それ以外に物価の安定化、決済システムの安定化を行っています。私たちが毎日さまざまな商取引を行えるのは、日銀のおかげと言えるかもしれません。

お手元のお札を確認してみてください。

お札に赤い印影があることが確認できると思います。

これは<u>日本銀行総裁</u>の印影で、篆書（てんしょ）という字体で「総裁之印」と書かれています。

日本銀行券（1万円札）

これは、みなさんが安心して使えるように、日銀総裁が日本銀行券というお札の価値を保証しているという意味です。

それだけ、日銀総裁に課せられている責任は重いものがあります。

裏にも篆書体で「発券局長」と刻印してあります。

お札は簡単に偽造されないように精巧な印刷が施されていますが、本来は比較的丈夫な紙にしかすぎません。

この紙に印刷された金額の価値を与え、お金が円滑に使われるようにするための管理をしているのが、日本の中央銀行である日銀です。

日銀が行っている業務

日本の中央銀行である日銀は、私たちが安定した経済社会の中で、安心して生活が送れるための仕事をしています。

日銀法の第一条を見てみると、**日銀の業務**について次のように記されています。

- 銀行券を発行すること
- 物価の安定を図ることを通じて国民経済の健全な発展に資すること
- 決済システムの円滑かつ安定的な運行を確保し、金融システムの安定に資すること

以下、それぞれについて見ていきましょう。

日銀の業務①銀行券の発行

日銀は、日本で唯一の**発券銀行**として、私たちが日常使用している銀行券（日本銀行券）の発行・流通・管理をしています。

日銀の業務②物価の安定化

国民、つまり私たちの生活が健全に発展していくためには**物価を安定**させ、通貨の価値を安定させる必要があります。

この通貨の価値は、為替レートの安定ではないことにも注意が必要です。

為替介入＊は、財務大臣の権限において実施されます。日銀ではありません。日銀はその際に財務大臣の代理人として財務大臣の指示に基づいて為替介入の実務を遂行しています。

為替介入
通貨当局が為替相場に影響を与えるため、外国為替市場で通貨間の売買を行うこと。
為替介入は、為替相場の急激な変動に対処し、安定化を図ることが目的。

日銀の業務③決済システムの円滑かつ安定的な運行の確保

お金の流れは、人間など動物の血液の流れに例えられることがあります。

> **資金決済システムと証券決済システム**
>
> 決済システムのうち、お金を受払いするしくみを「資金決済システム」、証券を受渡すためのしくみを「証券決済システム」と呼びます。
>
> こうしたしくみには、コンピューターを使ったネットワークなどの物理的なもののほか、決済に関する契約、慣行上のルールや、関係法令なども含まれます。

お金の流れを安定して維持させるためには、この**決済システムの安定**が必要です。決済システムが経済全体の円滑な活動を支えることになるからです。

私たちは買い物などを含めて、毎日さまざまな商取引を行っています。

このような取引を行う際には、お金を支払ったり品物等を引渡したりする義務が生じます。これら義務は「**債権**」や「**債務**」と呼ばれています。

決済は、一般的にお金の受渡しをして債権・債務を解消することを指しています。具体的には決済手段であるお金を受払いしたり、証券を受渡したりするためのしくみのことを指します。

日銀が安定させなければいけない**決済システム**は、金融を介して日本経済に関わる決済のしくみ全体を総称するものを指しています。

日本全国どこでも、いつでも安心してモノがお札で買える。この当たり前のように思われるシステムを構築している基幹にあるのが日銀の働きと言えるのです。

▶ **日銀は銀行券の発行、物価の安定化、決済システムの安定化が業務内容**
▶ **お金は身体にとっての血液のようなもの**

6-3 日本銀行が設立された流れを知ろう

> 日本の中央銀行である日本銀行は、明治時代に設立されました。西南戦争の資金を作るために不換紙幣を発行した明治政府が、その結果起きたインフレを解消しようとしたのがきっかけです。

日本の**中央銀行**である**日本銀行**はどのような経緯で設立されたのでしょうか。

日銀設立の背景には、**西南戦争**や**明治14年の政変**といった歴史的な出来事が大きく関わってきます。

西南戦争後のインフレを抑えたい

日銀設立の中心人物となったのは**松方正義**です。

1877年2月、**西南戦争**が勃発しました。上野の銅像でも有名な西郷隆盛たちと明治政府が戦った戦争です。

政府はこの戦争の費用を調達するため、大量の**不換政府紙幣、不換国立銀行紙幣**を発行せざるを得ませんでした。

しかし、**不換紙幣**＊**の発行は通貨価値の急落を招きました。その結果激しいインフレーション**が発生してしまいます。

不換紙幣

兌換紙幣（だかんしへい）は、発行主体が保有者の要求に応じて同額の金貨や銀貨と引き換えることを前提に発行している。そのため、発行できる紙幣に限りがある。
一方、不換紙幣は金貨や銀貨などの貨幣と交換ができない。政府や中央銀行の信用で流通するお金で、発行に限りがない。

不換紙幣を発行だー！

132

ちなみに当時、対外決済に通常用いられていたのは銀貨でした。

当時の大蔵卿(現在の財務大臣)は**大隈重信**です。

大隈は「積極財政を維持したまま、外国債券を発行して不足している銀貨を得て、市場に流せば安定する」と主張しました。

これに対して、現在の次官にあたる大蔵大輔の**松方正義**は、「不換紙幣を回収することがインフレに対する唯一の解決策である」と主張しました。明治維新以来の政府による財政の膨張がインフレの根本原因と見ていたからです。

松方の主張は大隈の財政政策を根幹から否定するものであり、2人は対立しました。

このため、**伊藤博文**が**松方を内務卿に抜擢**するというかたちで財政部門から切り離し、いったんは事態収拾が図られました。

ところが、1881年の**明治14年の政変**によって大隈が政府から追放されると、今度は**松方が大蔵卿に任命**され、インフレ対策のために自らの主張した政策を実行することになったのです。

いよいよ日銀が誕生する

1881年、大蔵卿に就任した**松方正義**は、政府紙幣や国立銀行紙幣などの不換紙幣を消却し、正貨準備＊を増やすなどの政策を行いました。

そして、不換紙幣の整理を実現するため、兌換紙幣＊となる銀行券を発行するための中央銀行の創立を提議したのです。

> **正貨準備**
> 金本位制のもとで、中央銀行が銀行券を正貨（金・金貨）と引き換えるために保有する正貨のこと。

> **兌換紙幣**
> 保有者の要求に応じて、同額の金貨や銀貨と引き換えることを前提にして発行する紙幣のこと。

こうして、1882年6月に日本銀行条例が制定され、日本の中央銀行、日本銀行が設立されました。

日本銀行の業務が開始されたのは、同年10月10日のことです。初代総裁には、旧薩摩藩出身で大蔵少輔（次官）だった吉原重俊が就任しました。

景気低迷を招くも、その後は経済発展

日本銀行設立にあたって、そのモデルとしたのは**ベルギー国民銀行**でした。

松方は内務卿に転出するかたちで大蔵省を去ったあと、一時パリに滞在していました。その際に、**フランス蔵相レオン・セー**から、「発券を独占する中央銀行を持つべきこと」さらに「そのモデルには歴史あるイングランド銀行などではなく、比較的設立が新しいベルギー国民銀行が良いのではないか」という助言を得ました。

そこで、松方正義は政府発行紙幣の整理

を中心とする金融政策の実現に取り組んだわけです。

　松方は日本銀行の設立を経て、「政府発行紙幣の全廃」「兌換紙幣である日銀券の発行」を行いました。この政策で、財政収支は大幅に改善されました。

　ところが、この政策で、深刻なデフレーションを招いてしまいました。**松方デフレ**と呼ばれる状況で、世論の反感を買ったことでも知られています。

　世論の反感は買いつつも、国際社会に参加するための重要な要素は満たしました。

- 財政を引き締めても正貨としての金準備を十分に積むこと
- 不換紙幣を回収し、市中に兌換紙幣を流通させ紙幣の「信用」を高めること
- そのうえで中央銀行制度を機能させること

　そのため、**松方デフレで短期的には景気の低迷を招いたものの、その後の日本経済の発展にはプラスに働いた**と見ることもできます。

大黒札

　ちなみに、1885年に日本銀行が発行した最初の銀行券は、銀との交換が保証された兌換銀行券でした。この紙幣は、大黒天をあしらったデザインから**大黒札**と呼ばれています。

▷ 日本銀行は西南戦争後に起きたインフレを解決することがきっかけで設立された
▷ 松方正義がベルギー国民銀行をモデルにした

6-4 政策委員会と金融政策決定会合

> 日銀の金融政策を決めているのは、政策委員会という9人のメンバーです。どれぐらいの頻度で、どのように金融政策を決めているのでしょうか。政策委員会が開く金融政策決定会合について見ていきます。

日銀には**最高意思決定機関**として**政策委員会**が置かれています。日銀の金融政策を決めるのが**金融政策決定会合**です。9名の政策委員が多数決によって金融政策を決定するしくみとなっています。

日銀の金融政策に関しては第2章で詳しく見ていますので、ここではそのしくみについて説明しましょう。

政策委員会は何をしているのか？

日銀の最高意思決定機関、**政策委員会**のメンバーは**総裁**1人、**副総裁**2人、そして**審議委員**6人で構成されています。この9人は**政策委員**と呼ばれます。

政策委員会は、金融政策決定会合で通貨および金融の調節に関する方針を決定するほか、その他の業務の執行の基本方針を定め、役員の職務の執行を監督する権限なども有しています。

日銀の金融政策を決める金融政策決定会合は、2015年までは年14回開催されていましたが、2016年からは**年8回**となりました。

金融政策決定会合は主に2日間開催されます。1日目は午後に開会し、報告を行い、2日目は午前中に会合を再開して委員の討議、そして議案に関する採決が行われます。

金融政策を決定する際の議決は、9名の政策委員による多数決によって行います。日銀総裁といえども、ここでは9票

のうちの１票にすぎません。

　金融政策決定会合には、**財務大臣**および**経済財政政策担当大臣**、もしくは**その代わりとなる政府代表**がオブザーバーとして出席します。実際には大臣が直接参加することはまれなようです。

　この決定会合に参加する政府出席者に議決権はありません。ただし、議決の延期を求める**議決延期請求権**を持っています。

🌱 金融政策決定会合後の公表タイミング

　金融政策決定会合における決定事項は、会合終了後ただちに内容を公表することになっています。

　2001年に金融政策決定会合の運営方法の見直しが行われ、会合における審議時間が十分に確保されるようになりました。
　また、決定内容について金融市場の取引が活発に行われている時間帯に公表されるようになりました。２日間の会合の際の決定内容は、２日目の昼頃に発表されることが多いようです。
　決定内容は、日銀のサイトにアップされる公表文に記され

ます。また、通信社の端末などを通じて内容が即時に伝えられます。

政策変更がない場合も「現状維持」としてその旨が公表されます。

全員一致の決定であったのか、賛成多数であったのか、多数決の場合には賛成者と反対者の数、さらに反対者の委員の名前も発表されます。

金融政策決定会合終了後には、15時半あたりから**日銀総裁の記者会見**が行われます。金融市場関係者は金融政策そのものの結果とともに、この日銀総裁の会見内容にも注目しています。

決定会合が終了してから約1週間後には、決定会合における「主な意見」を作成し、公表しています。

金融政策決定会合の議事要旨は、次回または次々回の会合の3営業日後（おおむね1ヶ月程度後）に公表されます。

議事録については10年後に公開されます。

議事要旨には大まかな審議の内容が書かれていますが、発言した政策委員の具体的な名前までは明らかにはされません。

現実にどのような意見が交わされていたのかを具体的に知るためには、10年後に発表される議事録を待つ必要があります。

▷ 日銀の最高意思決定機関は政策委員会であり、金融政策決定会合で金融政策が決定される
▷ 金融政策は多数決によって決定される

6-5 日銀のオペレーションとは何をしているのか？

日銀は、金融政策、政策金利をどのように実現しているのでしょうか。市場で債券や手形を売買することで、市場の資金量を調節するオペレーションの具体的な流れを押さえましょう。

民間銀行などの金融機関などは、**日銀**に**当座預金**を持っています。**日銀当座預金**、**日銀当預**などと呼ばれることもあります。

金融機関が日銀の当座預金にお金を預けるのは、銀行間の決済をスムーズにするため、などの理由があります。また、預金として預かった金額の一定比率以上を日銀の当座預金に預けなければいけない義務もあります（**準備預金制度**）。

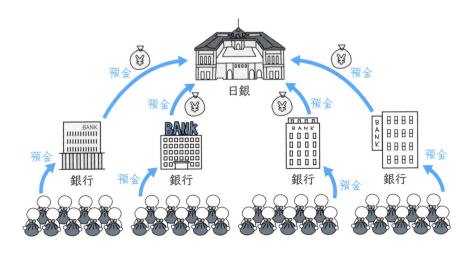

かつて、日銀は、この当座預金も金融政策に使用していました（預金準備率操作）。準備金率を上下させることで、金融の引締め、緩和をコントロールしていたのです。

ただし現在は、このような直接的な手段は使われていません。無担保コールレート（オーバーナイト物）が金融市場調節の主たる操作目標です（量的緩和政策時については後述）。

🌱 オペレーションで資金の過不足を調整

日銀の当座預金残高の総量の増減を目的に行われるものが**オープン・マーケット・オペレーション**、日本語では**公開市場操作**と呼ばれます。簡単に**オペレーション**や**オペ**とも呼ばれています。

日銀は、市場で債券や手形などの売買を行います。このオペによってコールレートを適切な水準に誘導し、さらに日銀当座預金残高の調節も行っているのです。

日銀は金融市場のお金の量や金利をコントロールしている

たとえば**税揚げ**と呼ばれる法人税など納付に伴う資金不足日があります。この税揚げ日には、日銀がオペを通じて資金を放出しなければ、短期金利が無制限に上昇してしまう可能性があります。そのため、日銀が事前にオペレーションを通じて資金不足を埋めることもあります。

このように、日銀は資金の過不足を調節する調節手段としても重要な機能を持っています。

🌱 買いオペと売りオペ

日銀のオペレーションはその売りと買いによって、それぞれ**買いオペレーション（買いオペ）**、**売りオペレーション（売りオペ）**と呼んでいます。

日銀が金融機関との間で、資金の貸出しや国債などの売買を行うオペレーションは、市場参加者に日銀の景況感をストレートに伝えられるという効果があります。

金融政策における重要な手段としての機能も果たしているわけです。

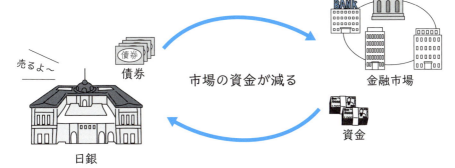

オペの対象

　2001年から2006年の量的緩和政策の際には、金融政策における金融市場調節の操作目標を日銀の当座預金残高としました。当座預金残高の目標値に調節する手段としてオペが活用されたのです。

　2013年4月の量的・質的緩和政策では、金融市場調節の操作目標が**マネタリーベース***となりました。この際にも国債の買入れを中心としたオペにより、マネタリーベースを目標に向けて増加させたのです。

　オペの対象となっているものを見てみましょう。

> **マネタリーベース**
> 日銀が市場に直接的に供給するお金のこと。流通現金（市中に出回っている日本銀行券発行高と貨幣流通高）と日銀当座預金の合計値となる。

日銀からの資金供給手段には、主に以下があります。

適格担保取扱基本要領に基づいた金融資産
国債、地方債、政府保証債、財投機関等債、社債、CPなど手形、証書貸付債権などが対象となり得る。

- **共通担保資金供給**……日銀が**適格担保取扱基本要領**に基づいた金融資産*を根担保*として、貸付利率を入札に付して行う貸付けで資金を供給する
- **国債買入れ**……市中の金融機関や証券会社などが保有している国債を日銀が買い入れる
- **国庫短期証券買入れ**……短い期間の国債を買い入れるオペ
- **国債買現先オペ**……オペの対象先から売戻し条件付きで国債や国庫短期証券を購入する
- **CPの買現先オペ**……日銀が担保として的確としているCP（コマーシャル・ペーパーの略で、企業が短期で資金調達するための無担保約束手形）を、売戻し条件を付して買い入れる資金供給オペレーション

根担保
将来、発生が予想される債券の弁済確保のためにあらかじめ設定される担保のこと。

日銀の資金吸収手段には、主に以下があります。

- 手形売出オペ
- 国債売現先オペ
- 補完供給目的の国債売現先オペ
- 国債の売却オペ

補完当座預金制度
日銀が受け入れる当座預金等のうち、いわゆる超過準備に利息を付す制度。

ただし、補完当座預金制度*が無担保コールレート（オーバーナイト物）など、翌日物金利の過度の低下を防ぐ機能を果たしています。そのため、2009年度以降、資金吸収オペは実施されていません。

▶ 日銀はオペレーションでコールレートを適切な水準に誘導し、日銀当座預金残高の調節も行っている
▶ 買いオペレーションと売りオペレーションがある

第 7 章

欧米の
中央銀行

7-1 米国の中央銀行 FRBの設立

日銀を通じて中央銀行の役割を理解したところで、海外の中央銀行の状況について見てみましょう。米国の中央銀行の成り立ちや現在の制度について紹介します。

海外の中央銀行に目を向けてみましょう。まずは米国です。

米国の中央銀行に該当するのは、**連邦準備制度理事会**（Federal Reserve Board）、略して**FRB**です。

FRBはどのように設立されたのでしょうか。

🌱 中央銀行設立前の流れ

米国では1792年に貨幣法が制定されました。当時の大統領は、初代・ジョージ・ワシントンです。

貨幣法では通貨の単位が**ドル**＊と定められ、金と銀の比価を1対15でともに正貨とする**金銀複本位制**が発足しました。

それまで使われていた通貨は主にメキシコ銀貨でした。

> **ドル**
> 米国通貨のドル（ダラー）という名前の由来は、ドイツで使われた歴史的通貨のターラー（Thaler）と言われている。

貨幣法制定の前年、1791年には紙幣の発行、通商規制などの権限を持つ**第一合衆国銀行**が設立されていました。ところがすでに州立銀行を有していた州政府の反発などで解散してしまいます。

そのため、貨幣法の制定後、中央銀行の設立の機運が高まっていました。

ジョージ・ワシントン

そこで、1816年に**第二合衆国銀行**が20％の政府出資により**政府の銀行**として設立されました。

しかしこれも、**州政府の反対などによって1836年に解散**しています。

連邦政府が銀行に対する規制をしな

くなった1837年から、連邦政府により国法銀行制度が導入される1863年までの間は、**フリーバンキング時代**と呼ばれています。

この時代は、多くの州で一定の要件を満たせば発券銀行の設立を認める**自由銀行法**が制定されたのです。1860年には1562行もの銀行が銀行券を発行していました。

米国は**連邦制**を採用し、さらに東部と西部、北部と南部と地域的な対立がありました。そのため、中央銀行の設立に大きな抵抗があったとされています。

しかし、19世紀から20世紀にかけて幾度も恐慌が発生し、銀行の倒産や企業の倒産などにより深刻な不況が生じました。

このため、金融システムの安定化が求められ、中央銀行の設立の機運が改めて高まったのです。

連邦準備法の制定後

1913年12月、**連邦準備法**が制定されました。これにより**連邦準備制度（Federal Reserve System, FRS）**が創設され、米国で**中央銀行制度**が導入されます。

ドイツやフランスの中央銀行設立から遅れること40年余りとなってしまいました。

連邦準備法で定めた連邦準備の主な目的は次のとおりです。

- 地区連銀設立の法的準備をすること
- 弾力的な通貨の供給
- 商業手形の再割引の手段を提供すること
- 米国の銀行に対する効果的な監督を確実にすること

これにより、**12の地区連邦準備銀行**と、これを監督する**連邦準備委員会**がワシントンに設立されます。

ただし、中央銀行の設立には引き続き反対意見も多くありました。
　そのため、全米の12地区に**地区連邦準備銀行**を設立したようです。それぞれの地区で銀行券である連邦準備券が発行され、各行ごとに公定歩合が設定されることになりました。

連邦準備制度理事会
（ＦＲＢ）

統括

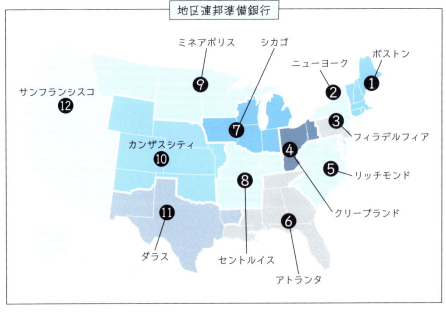

ワシントンD.C.にある**連邦準備制度理事会（FRB）**は、全国の主要都市に散在する**連邦準備銀行（Federal Reserve Bank, FRB）**を統括します。
　連邦準備制度理事会は連邦議会の下にある政府機関ですが、予算の割当や人事の干渉を受けないことになっています。
　各連邦準備銀行は株式を発行する法人です。

　連邦準備の機構は1933年に改革され、理事会の権限が強化されました。
　金融政策を決定するための会合は**連邦公開市場委員会（FOMC）**といい、通常は年8回開催されています。日銀の金融政策決定会合にあたるものです。
　ここでは理事会メンバー7名と地区連銀総裁5名が投票権を持っています。
　つまり、ワシントンの理事会メンバーだけで過半数の票が取れることで、理事会の意向が反映されやすくなりました。

　1935年の銀行法制定の際、連邦準備委員会は現在の**連邦準備制度理事会**と名称が改められました。ちなみに現在使われている米国の1ドル札はこの1935年から発行されているものです。

▷ 米国の中央銀行、連邦準備制度理事会(FRB)は年8回の連邦公開市場委員会(FOMC)で金融政策を決定する
▷ FRBは地区連邦準備銀行を統括する

7-2 FRBの目的と組織の特徴を知ろう

FRBは米国の中央銀行ですが、日銀とは違う特徴もあります。FRBの目的と特徴を、日銀と比較しながら押さえておきましょう。理解が深まるはずです。

米国の中央銀行であるFRBの使命（目的）は**デュアル・マンデート**とも呼ばれ、**物価の安定（stable prices）**と**雇用の最大化（maximum employment）**です。さらに、**適度な長期金利（moderate long-term interest rates）**も加えられています。

デュアル・マンデートがFRBの使命となったのは1977年の**連邦準備改正法**の成立によるものです。その源流には1946年の雇用法があるとされています。

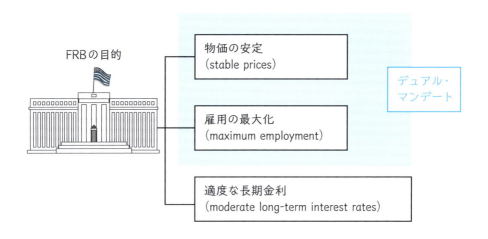

🌱 FRBと日銀の違い

連邦準備制度（FRS）は、連邦準備法によって創設された米国の中央銀行制度です。

連邦準備制度（FRS）の元で動く組織は、**連邦準備理事会**

（FRB）、連邦準備銀行、連邦公開市場委員会（FOMC）と3つの**諮問委員会**（連邦準備制度理事会諮問委員会、消費者諮問委員会、貯蓄金融機関諮問委員会）によって構成されています。

連邦準備制度（FRS）の中心的存在が連邦準備制度理事会（FRB）です。

FRBは米国内に12行ある**連邦準備銀行**を束ねる中央機関の役割を担っています。**FRBは政府の中央機関であり、銀行ではありません。**

一方、日本の中央銀行である日銀はその名のとおりの銀行です。ここが米国の中央銀行制度と日本の中央銀行制度の大きな違いとなります。

日銀のトップは総裁（Governor）であるのに対し、FRBのトップは理事会での議長（Chairman）と呼ばれています。

ジェローム・パウエル議長

FRBは**金融政策の策定**と**実施**を任務としています。また**連邦準備制度の活動の最終責任**を負っています。

本部はワシントンにあり、任期14年の7名の専任理事により構成されます。任期が14年と長いのは、金融政策の一貫性を保つため、大統領の圧力を防ぐためです。

原則1期ですが、任期途中で辞めた理事の後任は、残り任期を務めた後に再任が可能となっています。

なお、理事は、産業的、地域的に偏らないことが求められています。専任理事は米国大統領に任命され、上院によって承認されます。大統領が理事の中から議長・副議長を任命します。4年の任期で再任も可能です。

🌱 政府の管掌を受けないFRB

FRBは連邦議会の下にある政府機関ですが、予算の割当や人事の干渉を受けません。

FRB議長は、大統領に対して政府機関の中で最も強い独立性を有するとされています。世界の金融経済に対する影響力が大きいため、「米国において大統領に次ぐ権力者」と言われています。

連邦準備法の10節2項では、大統領がFRB議長や理事を罷免*するには正当な理由を必要としています。また、理事の罷免は議会による弾劾*(impeachment、非行を行った文官の罷免)によるともされています。

> **罷免**
> 主に公務員の職務を辞めさせること。免職。

> **弾劾**
> 犯罪や不正、公務員の非行などに対して罷免や処罰をする手続き。

ハンフリー・ホーキンス法

1978年に制定されたハンフリー・ホーキンス法(完全雇用均衡成長法)によって、連邦準備法も改正されました。FRBの目的が制定されたのは、この連邦準備法によるものです。

また、ハンフリー・ホーキンス法によりFRBが議会を通じて国民への説明責任を果たすことが制度化されました。

年に2回、議長が声明を議会に報告するなどすることが義務付けられました。

▷ FRBの使命(目的)はデュアル・マンデート(物価の安定と雇用の最大化)。さらに、適度な長期金利もある

▷ FRBは政府の中央機関であり、銀行ではない

7-3 連邦公開市場委員会（FOMC）とは何か？

米国の金融政策が決められる連邦公開市場委員会（FOMC）は、どのようなメンバーで、どのような形式で行われるのでしょうか。世界的に影響力の強いFOMCについてまとめましょう。

金融調節などの公開市場操作の基本方針は、ワシントンの理事会会議室で開催される最高意思決定機関、**連邦公開市場委員会（Federal Open Market Committee、FOMC）**で決定されます。

FOMCのメンバー

開催は年に8回となっています。必要に応じて随時開催することができますが、臨時の開催はよほどの事態が起きたときです。

日銀や欧州中央銀行（ECB）などの金融政策を決める会合頻度も年8回で、これは現在はFOMCに合わせるような格好となっています。たとえば日銀は2016年まで年14回行われていました。世界的に見ても、それだけFOMCの存在力が高いということにもなります。

連邦公開市場委員会（FOMC）のメンバー（全12名）

FRB
（議長1名、副議長1名、理事5名）

地区連銀総裁
（NY連銀1名、その他連銀4名）

151

米国の金融政策を決定するメンバーは、連邦準備制度理事会の議長1名、副議長1名、理事5名（計7名）と、連邦準備銀行の地区連銀総裁12名中の5名です。この合計12名に投票権があります。

5つの連銀総裁枠のうち1つはニューヨーク連銀の枠です。ニューヨーク連邦準備銀行総裁はFOMCの副議長を務めます。

その他の4枠は、11行の連邦準備銀行を4つのグループに分け、1年ごとに持ち回りで選ぶ輪番制を採っています。委員ではない連邦準備銀行総裁7名も会議に参加しますが、議決権は持ちません。

日本、米国、英国、欧州の中央銀行における金融政策決定会合の枠組み

		日本	米国	英国	欧州（ECB）
会合の名称		金融政策決定会合（MPM）	連邦公開市場委員会（FOMC）	金融政策委員会（MPC）	政策理事会
開催頻度		年8回	年8回	年8回	6週間ごと*1
構成		総裁 副総裁（2） 審議委員（6）	議長 副議長（2） 理事（4） 地区連銀総裁（5） 12地区連銀の輪番 （ただし、NY連銀は常に含まれる）	総裁 副総裁（3） 理事（1） 委員（4）	総裁 副総裁（1） 理事（4） 各国中銀総裁（16） 20か国*2中銀の輪番
主な意見の公表		○	─	─	─
	（公表のタイミング）	原則、会合の6営業日後			
議事要旨の公表		○	○	○	○
	（公表のタイミング）	次回会合の3営業日後	3週間後	政策決定と同時	4週間後
議事録の公表		○	○	○*3	○
	（公表のタイミング）	10年後	5年後	8年後	30年後
政府の関与		・出席権 ・議案提出権と議決延期を求める権利	─ （政府はFOMCに出席することを認められていない）	出席権	・出席権（閣僚理事会議長および欧州委員会委員1名） ・議案提出権（閣僚理事会議長）

*1 政策理事会のうち、金融政策に関する会合
*2 オーストリア、ベルギー、クロアチア、キプロス、エストニア、フィンランド、フランス、ドイツ、ギリシャ、アイルランド、イタリア、ラトビア、リトアニア、ルクセンブルク、マルタ、オランダ、ポルトガル、スロバキア、スロベニア、スペイン
*3 2015年3月以降の議事録が対象

*日本銀行ホームページ「教えて！にちぎん」より作成（2023年1月現在）

議事要旨の発表と議事録の発表

FOMCの会合終了後に、**声明文（Statement）** が公表されます。そしてFOMCの**議事要旨（議事録、Minutes）** は会合の約3週間後に発表され、会合の中でどのような意見が出ていたのかをチェックできます。

この約3週間後に発表されるMinutesは直訳すれば議事録ですが、日銀が発表している議事要旨と同じ形式です。そのため、日本語に訳すなら議事要旨が適切でしょう。

日銀は発言者の氏名を含めて、会議の内容の全容が書かれた議事録を10年後に発表していますが、米FOMCの議事録は5年後に公表されています。

年に8回開催する米連邦公開市場委員会（FOMC）のうち、3月、6月、9月、12月に開く会合では、FOMC参加メンバーによる米国経済と政策金利の見通しが公表されます。

米国の政策金利はフェデラルファンド（FF）レート*ですが、FOMCメンバーが予想するFFレートの水準を点（ドット）の分布で表現したグラフをドットチャートと呼びます。市場参加者が将来の政策金利の動きを予測するうえで、判断材料とされるものです。

FRB議長の記者会見

FOMC後には、FRB議長による記者会見が毎回開かれます。

この議長による記者会見は、2011年4月から政策運営の透明性を高めるために始まりました。

金融危機後の対応にあたったバーナンキ議長（当時）が年4回のペースで始めたものです。金融政策の意図を説明する機会を増やし、市場関係者や国民との対話を円滑にする狙いがあるとされています。

米国経済と政策金利の見通しが公表されるのに合わせて、

フェデラルファンド（FF）レート

フェデラルファンドとは、連邦準備銀行（米国の中央銀行）に預け入れる無利息の準備金。この準備金を預けている民間銀行が、その準備金を他の民間銀行に貸し付ける際の短期金利。5.25〜5.50％といったように0.25％幅のレンジで示される。
その上限を簡易的に政策金利としてみなすこともある。

3月、6月、9月、12月のFOMC後に記者会見を開いていたのですが、この会見のあるFOMCで金融政策の変更が行われることが多くなっていました。

　将来の金利変更のペースやタイミングが会見の有無で意識されてしまうことにもなり、2019年から毎回のFOMCで会見を行うことになったとも思われます。

　ちなみに、日銀は金融政策決定会合後に必ず総裁会見が行われています。

▷ 米国の金融政策を決める連邦公開市場委員会（FOMC）は年8回開催されている
▷ FOMCのメンバーはFRBから7名、連銀から5名

⑦-4 FRBのオペレーションはどのようなものか？

> FRBは、長期国債および短期国債の買入れを、永続的な資金不足に対応するためと位置付けています。具体的には、どのように金融政策を実現しているのでしょうか。

日銀*や米国の中央銀行**FRB**、そして**欧州中央銀行（ECB）***や**イングランド銀行***などでは、いずれも金融調節によって短期の市場金利をコントロールし、金融政策を運営しています。

その際、各中央銀行は特定の短期金利の誘導目標、あるいは中央銀行が行う短期オペの基準金利等を**政策金利**として決めています。つまり、基準金利の水準に短期の市場金利を誘導することが大きな仕事です。

*日銀
126ページ参照

*欧州中央銀行（ECB）
158ページ参照

*イングランド銀行
171ページ参照

🌱オペレーションには長期と短期がある

公開市場操作（オペレーション、オペ）は、中央銀行が金融市場で民間金融機関との間で行う金融資産の売買や資金貸付けなどの取引です。

現在、各中央銀行における金融調節の主たる手段となっています。

オペは**長期オペ**と**短期オペ**に区別されます。

- **長期オペ**……主に銀行券など、中央銀行の安定的な負債に対応するものとして、長期的に資金を供給するための手段。国債の買入れがその典型例
- **短期オペ**……主に一時的な資金過不足に対応するための手段

🌱国債の保有残高と買入れの仕方

FRS*では、**長期国債および短期国債の買入れ**を永続的（permanent）な資金不足に対応する観点から実施するものと位置付けています。**国債保有残高の増加額**と**銀行券発行高**

*FRS
148ページ参照

の**増加額**がおおむね見合うように買入れを行っています。これは財政規律の維持を目的に安易な国債買入増額を避けるためのもので、以前の日銀も同様の歯止めをかけていました。

国債の保有残高や買入総額に関しては、金融調節上の必要に応じて適宜、決定します。年間や月間の買入予定額は事前に公表されていません。

> **ポートフォリオ**
> 「どの商品をどれぐらい」と、投資対象である金融商品を組合せ、配分すること。

長期国債買入れは、**流動性の高いポートフォリオ***を維持することを目的としつつ、**個別銘柄の価格形成や流動性を大きく歪めないこと**に配慮することとしています。FRBは内規により、すべての発行証券について、**銘柄ごとのFRBの保有比率は発行残高の一定額を超えない**としています。

また、買入れにあたっては、買入対象となる国債を種別や残存期間に応じていくつかのグループに区切り、そのグループごとに買入れを実施しています。

🌱 リーマン・ショック以降のFRB

2008年には金融の世界、また世界中の経済に影響を与えた**リーマン・ショック***が起きました。

> **リーマン・ショック**
> 米国の投資銀行リーマン・ブラザーズが史上最大規模で倒産したことをきっかけに世界中で起きた金融・経済危機。

続いて、2010年あたりからはギリシャの財政不安をきっかけとした欧州の信用不安が高まりました。ユーロのシステムへの懸念も強まり、世界の金融経済は大きなショックに見舞われたわけです。

このショックに対して、日米欧の中央銀行は積極的な金融緩和策を行いました。

一方、**FRB**では**QE**(**Quantitative Easing、量的緩和策**)として、米国債や住宅ローンを担保にした証券であるMBSを積極的に市場から買い入れたのです。

　FRBの2008年以降の政策金利の推移を見てみましょう。

　2008年12月に政策金利は0.25％にまで引き下げられました。この0.25％の政策金利は2015年まで続きましたが、2015年12月には0.50％に引き上げます。

　その後、2016年12月に0.75％、2017年3月に1.00％など引き上げが続いていき、2018年12月には2.50％まで引き上げられました。しかし、2019年に7月に2.25％になると引き下げに転じます。2020年3月には新型コロナウイルス感染拡大の影響で1.75％から一気に0.25％に引き下げました。

　0.25％の政策金利は2022年まで続きますが、2022年3月に0.50％に引き上げたあとは、今度は世界的な物価上昇を受けて、段階的に引き上げられ、2023年7月には5.50％まで引き上げられます。その後、物価の落ち着きなどから2024年9月に5.00％に引き下げられました。

第7章　欧米の中央銀行

▶︎ 米国FRBは国債の買入れで永続的な資金不足に対応する
▶︎ リーマン・ショックに対し日米欧の中央銀行は積極的な金融緩和政策を行った

7-5 国をまたいだ中央銀行（ECB）の誕生

欧州が経済統合を目指して1998年に設立した欧州中央銀行は、世界で初めて国をまたいだ中央銀行です。どんな構成で成り立っているのかを見ていきましょう。

欧州中央銀行（European Central Bank、ECB） は1998年6月に設立された比較的新しい中央銀行です。

欧州が経済統合を果たし、その結果としてユーロ圏の金融政策を担うため、国をまたいだ中央銀行を設立させました。

🌱 ESCBの高い独立性

1998年6月1日、欧州共同体設立条約（マーストリヒト条約）、欧州中央銀行制度（ESCB）、欧州中央銀行（ECB）に関する定款に基づき、**欧州中央銀行（ECB）** と **欧州中央銀行制度（ESCB）** が設立されました。

ESCBの定款

欧州中央銀行、各国中央銀行または
それらの決定機関のいかなる構成員も、
この条約及びこの定款により
授けられた権限を行使し、
職務及び義務を遂行するに際して、
欧州共同体の機関または部局、
加盟国内のいかなる政府または
その他の機関からの指示を仰いだり、
それらの指示を受け入れたりはしてはならない。

欧州共同体の機関および部局ならびに
加盟国内の政府は、
この原則を尊重し、かつ欧州中央銀行または
各国中央銀行の決定機関の構成員が
その職務を遂行するに際して
影響を及ぼそうとしてはならない義務を負う

ESCBは、EU、各国政府、その他いかなる機関からも独立性が確保されています。

また、ECB理事の解任は、重大な不法行為があった場合等に限られるともされています。

制度的には、ドイツ連銀を上回る独立性を保証されていると言われるほどです。

ESBCの構成

欧州中央銀行制度（ESCB）は、この欧州中央銀行（ECB）と、ユーロの導入の有無にかかわらず欧州連合（EU）に加盟している国の中央銀行で構成されています。

この中で、**欧州中央銀行（ECB）**と、**ユーロ**を通貨として採用している加盟国の中央銀行によってユーロシステムが構成されており、これはESBCと区別されています。

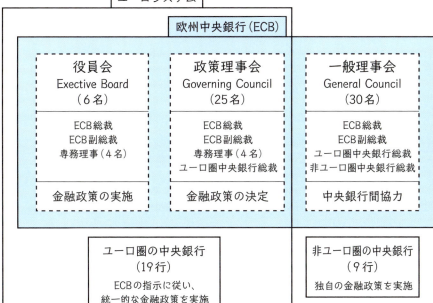

*外務省ホームページ「欧州連合（EU）」より作成
（2024年10月21日現在）

ECBには最高意思決定機関である**政策理事会（Governing Council）**、金融政策を執行してECBの日常業務の管理運営等を行う**役員会（Executive Board）**、諮問機関的な**一般理事会（General Council）**の3機関があります。

> ＊政策理事会
> 164ページ参照

- **政策理事会**＊……**総裁、副総裁、理事**4名と、**ユーロ参加国の中央銀行（NCBs）総裁**で構成され、ECBの最高意思決定機関として政策を決定する。米国でのFOMC、日銀の金融政策決定会合、イングランド銀行の金融政策委員会(MPC)にあたる組織
- **役員会**……ユーロ参加国の全会一致を受けて指名された**総裁、副総裁、理事**4名からなり、政策理事会で決定された政策について、NCBsへ指示・監督する
- **一般理事会**……**総裁、副総裁**と**EU全加盟国のNCBs総裁**で構成され、政策理事会へ助言する

ユーロ参加国の各中央銀行（NCBs）の権限は、ECBの決定事項の実行です。公開市場操作、ユーロ紙幣の印刷発注・管理・監督、独自またはECBのための外貨準備の管理、決済システムの運営、自国内の銀行を監督などがその内容です。

🌱ECBの目的

欧州中央銀行（ECB）の第一の目的は、**物価の安定を維持する（maintain price stability）**ことです（1991年マーストリヒト条約における欧州中央銀行法）。

ただし、物価の安定のみではなく、目的を達成するため、**各国が高水準の雇用（high level of employment）**と、**インフレの加速しない持続可能な成長（sustainable and non-inflationary growth）**の政策を行うことを欧州の中央銀行は支持するとしています。

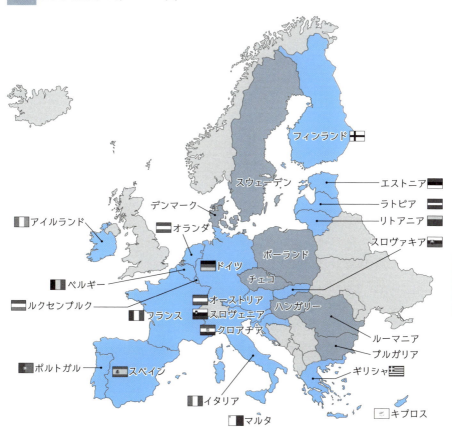

ユーロシステムの役割

1998年のESCB発足当初は、EU全加盟国が単一通貨ユーロへの参加を前提にして設けられた枠組みでした。

ところが実際には、英国などがユーロに参加しませんでした。

そのため、ECBとユーロ参加国のNCBsで構成されるユーロシステムが下記を行っています。

- ユーロ圏内の金融政策の決定と実施
- 外貨準備の保有と運用
- 外国為替操作の実施
- 決済システムの円滑な運営の促進

ECBの役割

ECBの役割は以下のとおりです。

- ユーロ圏の金融政策の決定
- 公開市場操作（オペレーション）の決定・調整・モニタリング
- ユーロ紙幣（中央銀行券）発行の計画・調整・モニタリング
- 為替介入による外国為替操作
- 決済システムの運営
- ユーロ圏内の銀行システムの監視などユーロ圏の重要な金融政策の決定

最高意思決定機関は、EU加盟国の中央銀行総裁らを含む**政策理事会**です。

本部はドイツのフランクフルトに置かれています。

米国のFRBと並んで世界のお金の流れに大きな影響を与えてきたドイツのブンデスバンクをはじめ、フランス、イタリア、オランダ、ベルギーなど、ユーロを通貨として採用している加盟国の中央銀行は、欧州中央銀行に対しての調査や銀行監督などの支援業務が中心となったのです。

発足したばかりの欧州中央銀行は、世界で初めての国をまたいだ中央銀行でした。言葉を選ばずに言えば、過去に前例のない壮大な実験場でもありました。

　加盟諸国それぞれの国の事情といった要因などから、なかなか意見の取りまとめも難しく見えた時期があったのも事実です。しかし、現在、欧州中央銀行は次第にその信認を強めつつあると言えるでしょう。

▷ 欧州中央銀行（ECB）は欧州の経済統合のため設立された
▷ ESCBは、ECBとEU加盟国の中央銀行で構成された欧州中央銀行制度

7-6 ECBの金融政策を決定する政策理事会

ECBの金融政策は政策理事会が行いますが、国をまたいだ中央銀行である分、他の中央銀行とは違う特徴があります。政策理事会のメンバーと運営について紹介します。

日銀の金融政策決定会合（MPM）、FRBの連邦公開市場委員会（FOMC）*、イングランド銀行の金融政策委員会にあたるのが、ECBの政策理事会です。

*FOMC
151ページ参照

政策理事会の構成と投票権

政策理事会は、金融政策を決定する権限を有するECBの最高意思決定機関です。

日銀の金融政策決定会合、FOMC、MPC*が年8回開催されるのに対し、ECBの政策理事会は6週間ごとの開催になっています（政策理事会のうち、金融政策に関する会合）。開催地は主にフランクフルトです。

*MPC
176ページ参照

ECBの政策理事会は、役員会メンバー6名とユーロ圏の中央銀行総裁20名で（合計26名）構成されています。

6人の役員は毎回必ず投票権を持ちますが、各国中央銀行総裁は15人が交代で投票します。加盟国の増加に伴い15年の輪番制を開始しました。

このあたりは米国の地区連銀総裁が交代制となっているのと似ています。

金融政策の方針決定とその後の流れ

ECB金融政策は、ECBの政策理事会の策定した指針のもと、役員会が具体的な指示を作成して各国の中央銀行に送るという流れで実施されています。

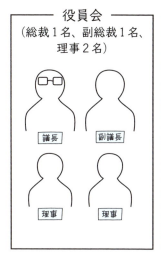
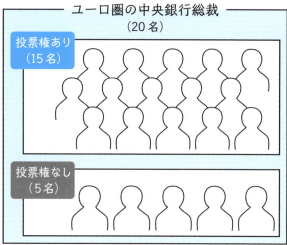

ドイツ連邦銀行やフランス銀行などユーロ圏各国の中央銀行は、この指示に基づいて、金融政策の中心となる公開市場操作等を実施しているのです。

159ページで解説したユーロシステムは、この「ECBが基本的な政策方針を決定し、ユーロ圏の各中央銀行が具体的な政策の実施を行う」ことを指します。

これら全体がひとつのシステムとして、ユーロ圏の金融政策を支えているのです。

=== ユーロシステムの役割 ===

ECB政策理事会では、日銀やFRBのように金融政策の決定の際、多数決の票数を発表することはありません。これは国をまたいだ中央銀行であるためとされています。

欧州経済圏といっても、加盟国間の景気や物価を取り巻く環境はそれぞれ異なります。

そのため、金融政策を一元的に行うのは困難を伴うこともあり、具体的に誰が反対したのかを表明することはしてきませんでした。

政策の発表

　議事要旨は、日銀が次回会合の3営業日後に公表するのに対して、FRBは3週間後、イングランド銀行は政策決定と同時です。ECBについては4週間後となっています。

　日銀の「主な意見」のようなものは、現在のところ日銀以外からは公表されていません。

　議事録については、日銀は10年後、FRBは5年後、イングランド銀行は8年後、そしてECBは30年後の公表となっています。

▷ ECBの政策理事会は、役員会6名とユーロ圏の中央銀行総裁20名で(合計26名)構成されている
▷ 中央銀行総裁20名のうち、投票権を持つのは15名

7-7 ECBが行うオペレーション

> 欧州中央銀行（ECB）は国を超えた存在ですから、国を超えたオペレーションが求められます。どのように金融政策を決定し、どのように実行しているのでしょうか。

2011年5月9日、**欧州中央銀行（ECB）**は**国債の流通市場に介入**することを発表しました。欧州の中央銀行が国債の買入れをしたのは、1999年のユーロ発足以来、このときが初めてです。

ECBによる国債の買入目的は市場への資金供給が目的ではありません。市場機能の正常化が目的でした。これは**証券市場プログラム（SMP）**と呼ばれています。

ただし、ECBの債券市場への介入は、リスボン条約*で禁じられている「ユーロ加盟国政府へのファイナンス*に値する」という反対意見もECB内部から出ていました。

長期リファイナンス・オペ

2011年12月8日のECB定例理事会で、政策金利であるリファイナンス・オペ金利*を0.25％引き下げて年1.0％にすると決定しました。

さらに非標準的手法として、流動性を供給するため、期間3年の**長期リファイナンス・オペ***（Longer-term refinancing operation、LTRO）を新設することを発表しました。

LTROは2011年末の12月と2012年の2月に行われ、ユーロ圏の信用不安を後退させる一因となりました。

このECBによる資金供給実施前まで、欧州の金融機関が銀行間市場で短期資金を調達するなら、ベースとなる政策金利に大きく上乗せした水準で調達せざるを得なかったのです。

リスボン条約
EU（ヨーロッパ連合）の基本条約で、EUの憲法にあたる。金融経済危機を受けて、EU条約とEU運営条約を改定した。

ファイナンス
資金調達のこと。

リファイナンス・オペ金利
ECBの主要な政策金利。
ユーロシステムが行う公開市場操作で金融機関が入札可能な下限金利に相当する（170ページ）。

167

🌱 国債買入れはオペレーションのひとつ

欧州中央銀行総裁
マリオ・ドラギ

ECBのドラギ総裁（2011年〜2019年）は、2012年7月に「ユーロ存続のために必要な、いかなる措置をとる用意がある」と表明しました。

9月6日のECB理事会では、市場から国債を買い取る新たな対策を正式に決定しています。ECB理事会で償還期間1〜3年の国債を無制限で買い入れることを決定したのです。

ECBの国債買入れの目的は、財政不安に伴う金利上昇の抑制であり、金利上昇で資金調達が困難になることの回避となります。

新国債買入プログラム（OMT）には、SMPと異なり明確な条件が付けられました。

国債買入れの対象となる国は、ユーロ圏諸国に対しEFSF*・ESM*による支援を要請し、その支援を受けるための財政再建等に取り組む必要があります。買入れの対象は期間1〜3年の国債が中心で、買入規模に上限は設けず、無制限の買入れでした。

結局、このOMTが利用されることはありませんでした。しかし、その存在自体が、市場の動揺を抑える役割を果たしたのです。

2015年1月22日のECB理事会では、FRBやイングランド銀行、日銀と同様、国債買入型の量的緩和策の実施を決定しました。このときは、ドイツ、オランダ、オーストリア、エストニアなどが反対しました。

📝 **EFSF**
ギリシャの財政悪化がきっかけで、欧州の金融安定を目的に2010年6月に設立された基金のこと。European Financial Stability Facilityの略で、「欧州金融安定ファシリティ」や「欧州金融安定基金」と訳される。

📝 **ESM**
European Stability Mechanismの略で、欧州安定機構と訳される。ユーロ圏諸国が債務危機国への金融支援を行うために設立した機関。

ECBの指揮で、ユーロ圏の各国中銀が2015年3月から国債を含めて毎月600億ユーロの資産を買い入れます。それを2016年の9月まで続け、買入総額は1兆ユーロを超す見通しです。

　ECBの買取りの対象は**ユーロ圏の政府債**のほか、欧州連合関連の国際機関が発行する**ユーロ建て債券**となります。これまでに実施した**資産担保証券（ABS）**などの買取りも続けます。

　ECBは2014年9月と12月、そして2015年3月〜2016年6月までTLTRO（targeted longer-term refinancing operations）を実施しました（TLTRO1）。そして2016年6月終了後、四半期ごとに合計4回続けました（TLTRO12）。

　これは**貸出条件付き（targeted）**となっています。

　銀行は、企業など実体経済に貸出しを行う場合にマイナス0.4％（中銀預金金利と同水準）でECBから資金を借り入れ、金利を払う代わりにキャッシュを手に入れることができました。

　そして、2019年9月からは、TLTROの第三弾が開始され、2019年9月から2021年12月まで計10回実施されました。

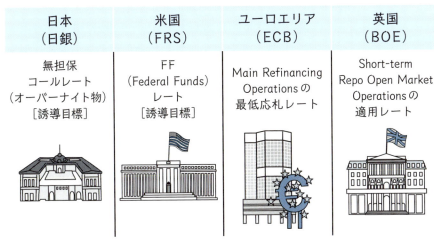

＊日本銀行「主要国の中央銀行における金融調節の枠組み」より作成

欧州中央銀行（ECB）の政策金利

　ECBは市場金利の上限・中心・下限となる3つの政策金利を設定しています。中心となるのは、民間銀行が国債などを担保に中銀から資金供給を受ける際に適用される**主要政策金利（主要リファイナンス・オペ金利）**です。

　上限は、銀行が市場で資金を調達できない場合に中銀から借り入れる際の**限界貸出金利（オーバーナイト貸し出し、翌日返済）**です。下限は銀行が余剰資金を中銀に預ける際の**中銀預金金利預金（預金ファシリティー金利）**となっています。

　ECBの主要政策金利（主要リファイナンス・オペ金利）の推移を見てみましょう。

　2008年5月に1.00％に引き下げられたあと、2011年7月に1.50％に引き上げましたが、同年12月には再び1.00％に引き下げられます。

　2012年以降も政策金利の引き下げは続き、2014年6月には0.15％に引き下げられました。その際に下限となる中銀預金金利預金はマイナス0.1％となり、マイナス金利政策が実施されます。政策金利は2014年9月に0.05％、2016年3月にはゼロ％まで引き下げられました。

　その後、2022年7月には政策金利を0.5％に引き上げ、マイナス金利政策も解除されました。政策金利は段階的に引き上げられ、2023年9月に4.50％に引き上げられています。

　しかし、2024年6月に4.25％とまた引き下げに転じ、10月には3.40％となりました。

▷ ECBの国債買入れの目的は、「財政不安に伴う金利上昇の抑制」と「金利上昇で資金調達が困難になること」の回避
▷ オペレーションでユーロ圏の信用不安を払拭してきた

世界で二番目に古いイングランド銀行

イングランド銀行が誕生し、世界の銀行と呼ばれるまでの流れをまとめましょう。ロンドンは金融の中心地であり、ポンドが世界通貨とされていました。

世界で最初の中央銀行は、1668年に設立されたスウェーデンの国立銀行、通称**リクスバンク**と呼ばれている銀行です。

そして、リクスバンクに次いで歴史が古いのが、1694年に設立された英国の**イングランド銀行**です。

イングランド銀行設立の経緯

イングランド銀行の設立目的は、軍事費の調達に苦慮する政府への財政支援でした。

フランスとの戦争＊の費用調達に苦慮していた当時の政権を財政的に支援するため、民間から出資を募りその全額を国庫に貸し上げる代償として、出資者たちがイングランド銀行という法人を設置したのです。

イングランド銀行は、資本金と同額まで**銀行券**を発行して銀行業務を開始しました。

この銀行券はいつでも貴金属と交換できる**兌換紙幣**です。

当初の業務では、その設立目的が政府支援であったこともあり、政府の貸付けがかなりの割合を占めていました。これによって、国庫金の出納や国債業務など**政府の銀行**としての役割が強化されたと言えます。

また、イングランド銀行は「民間との取引で、組織的に手形割引を始めた最初の大型銀行であった」とも言われています。

> **フランスとの戦争**
> オランダ、スウェーデンなどを中心とした対フランス同盟にイギリスも加わり、欧州各地で行われた戦争。イギリスとフランスはそれ以前より繰り返し戦争をしてきた歴史がある。

171

🌱 国債の起源となった軍事費の調達方法

名誉革命

当時のイギリスは清教徒革命によって国王による支配が復活していたが、国王ジェームズ2世と対立していた議会が無血で新国王ウィリアム3世を国王に即位させた革命。
これでイギリス革命が完成し、立憲君主制度を確立した。

1688年に**名誉革命***が起き、イギリスでも国家財政の管理において**議会**が重要な役割を担うこととなりました。

オランダの国債制度がイギリスに導入され、1692年に酒類に対する物品税を恒久化し、それを担保にした年金国債が発行されました。

イングランド銀行が設立された後、政府は軍事費の調達のため、港湾利用税を担保にイングランド銀行から年利8％で120万ポンドの借入を行いました。

これがイギリスの国債の起源と言われています。つまり、現在の国債制度はイギリスで構築されたとも言えるのです。

🌱 世界初の金本位制の導入

ナポレオン戦争

ナポレオン1世が皇帝として1796年から1815年にかけて起こした戦争。イギリスはナポレオン帝国の最大の敵だった。

ナポレオン戦争*により、イングランド銀行の保有する貴金属が激減し、一時的に兌換が停止されたこともありました。

ナポレオン戦争の終結後も、イギリスの輸入が増大し、金の流出が起こっています。これにより紙幣価値が大きく下落し、インフレが発生しました。

経済学者
デヴィット・リカード

この状況について、イギリスの経済学者デヴィット・リカードは、1810年に「地金の価格高騰について、紙幣暴落の証明」という小論を発表しています。そして、この小論をきっかけに、**金本位制**に向けて議会に専門の委員会が作られました。

1816年には**貨幣法**が成立し、世界で初めてイギリスで金本位制が導入され、**ソブリン金貨**と呼ばれる1ポンドに相当する金貨が鋳造されました。

1833年の銀行条例によって、イングランド銀行は額面5ポンド以上のBOE券が法貨として認められ、同時に割引率も自由に変更が可能となっています。

銀行券の価値を保証する

　その後、1844年の**イギリスの銀行法（ピール銀行条令、ピール条例）**によって、イングランド銀行以外の民間銀行が発行していた流通通貨を増やせなくなりました。この背景には、1820年代の英国の金融危機があります。

　この改正によって、事実上、イングランド銀行が通貨の発行権を独占することになったのです。そして、イングランド銀行は中央銀行としての地位を高めていったといえます。

　ピール条例は、イングランド銀行券の発行高に、金準備の制約を課します。厳格に制限したことで、イングランド銀行券の価値は金と等しくみなされました。

　つまり、イギリス銀行は、以下で金と紙幣との兌換を保証したわけです。

- 金と交換できるポンド表示の兌換紙幣を発行する
- 発行した紙幣と同額の金を常時保管する

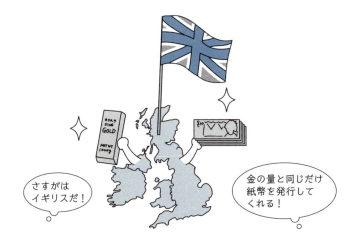

こうして、ポンドはその通貨価値が金と等しくなったことで国際的にも信用度を高めました。1816年の金本位制採用から1914年の金本位制度停止まで約100年近くの間、金平価によるポンドの信認が維持されています。

国際通貨として通用するようになり、国際間の取引がポンドを通じてロンドンで行われるようになりました。

ロンドンが世界の貿易金融の中心地となり、世界の銀行とも呼ばれるようになったのです。

戦後、実質的に国の機関となった中央銀行

イングランド銀行は、**1946年イングランド銀行法**によって国営化され、政策運営の独立性を失います。第二次世界大戦後に成立した労働党のアトリー政権下でのことでした。

イングランド銀行法は、イングランド銀行に対する財務大臣の指示命令権などを規定しました。イングランド銀行を実質的に財務省の付属機関と位置付けたのです。

これで、累積していた国債への対処など政府の果たす役割が増大しました。その分、イングランド銀行の地位が相対的に弱まったと言えます。

すでに1945年にはフランスの中央銀行であるフランス銀行も国有化されていました。イングランド銀行もフランス銀行も、基本的には民間人によって所有・運営されていた独立機関でしたが、どちらも国の管理下に置かれることになったのです。

▶ イギリス銀行は世界で初めて金本位制を取り入れた
▶ 1910年代まで金融の中心はロンドンであり、ポンドが国際通貨だった

7-9 イングランド銀行の目的と組織

> 長い歴史を持つイングランド銀行ですが、現在のイングランド銀行はどのような目的を持って、どのように運営されているのでしょうか。1997年に誕生したブレア政権以降の流れを知るとわかります。

ブレア政権が誕生したのは1997年5月のことです。

このとき財務大臣に抜擢された**ゴードン・ブラウンは**、就任わずか4日目に金融政策の大転換を行いました。金融政策の決定権を財務省からイングランド銀行に移し、**独立性**を高めるという大胆な改革です。

具体的には、主に以下のようなものでした。

- イングランド銀行総裁、副総裁、理事、外部らの委員で構成される**金融政策委員会**へ政策運営権限を委譲
- 外国為替市場介入権限を部分的にイングランド銀行へ委譲
- 準備預金制度の法制化
- 銀行監督権限をイングランド銀行から分離し、新設された金融監督庁へ移管
- 国債管理業務の財務省への移管

金融政策の目的とイギリス銀行の権限

イギリスにおける**金融政策の目的**は、**物価の安定を維持すること、成長および雇用目的を含む政府の政策を支持すること**と規定されています（1998年イングランド銀行法）。

英国の中央銀行**イングランド銀行**は、**政府が定めるインフレーション目標を達成するための政策手段の決定**を行う権限を持っています。

一方、**財務省**は**物価の安定**の内容を決定し、**政府の経済政策**を具体化する**責任**を負っています。

175

イングランド銀行の主な役割は以下のとおりです。

- 物価安定の維持と英国政府の経済政策支援を遂行
- 政府の銀行であると共に「最後の貸手」として銀行の銀行
- イングランドとウェールズにおける通貨発行
- 外国為替と金準備を管理し
- 政府の証券（国債）を登録

金融政策委員会の構成（MPC）

イングランド銀行で金融政策を決める**金融政策委員会（Monetary Policy Committee、MPC）**は、9名のメンバーで構成されます。

総裁1名、副総裁2名（副総裁が3名以上いても2名）、財務大臣と協議のうえ総裁が任命する金融政策担当理事と金融調節担当理事の理事2名、この内部委員5名に加え、財務大臣により任命された外部委員4名の合計9名です。

MPCの外部委員は、学者等と兼職している場合もあり、必ずしも常勤ではありません。会合の議長は総裁が務め、最後に票を投じるのも総裁となっています。

イングランド銀行の金融政策委員会（MPC）（全9名）

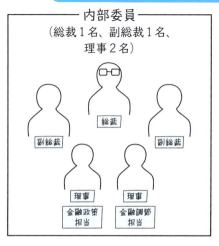
内部委員
（総裁1名、副総裁1名、理事2名）

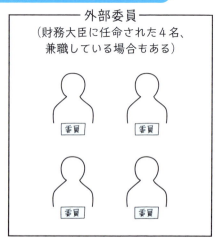
外部委員
（財務大臣に任命された4名、兼職している場合もある）

公開書簡

物価がインフレ目標の2.5％から1％以上乖離し、1.5％か3.5％以上となった際には、総裁はその原因、対応策、目標圏内に戻るのに必要な期間を明示した公開書簡を財務大臣に送る必要があります。

2007年4月16日、インフレ率が目標値の2％を越えて3.1％に達したため、その理由を説明した公開書簡を当時のキング総裁がブラウン財務大臣宛てに送っています。

政策金利などの決定は伝統的に大蔵省が行っていましたが、1997年5月6日、ブラウン財務大臣は1998年イングランド銀行法の枠組み指針を示しました。そこで金利を決定するための運営責任をイングランド銀行に移譲したのです。

この指針をきっかけに**金融政策委員会**が設立されました。これ以降は、金融政策委員会が金融政策を多数決で決定しています。

ただし、緊急時においては、英国政府はイングランド銀行に金利決定の指示を与える権限を有しているとされています。

金融政策委員会（MPC）の会合は、以前は毎月開催されていました。2016年10月からはFOMCやECBに合わせるように6週間に1回の頻度とし、年8回としました。

また、イングランド銀行は2015年8月6日の金融政策委員会（MPC）から、会合後に金融政策と採決の内訳、政策委員会の議事要旨、最新の経済予測をすべて同時に発表しています。総裁記者会見も会合後に行われます。また、議事要旨も同時に発表されます。

▷ イギリスの政策目標は物価の安定、成長および雇用目的を含む政府の政策支援
▷ 金融政策は金融政策委員会（MPC）で決定される

7-10 イングランド銀行のオペレーション

> イングランド銀行のオペレーションは、短期公開市場操作における固定金利です。イングランド銀行があらかじめ金利を定め、マクロ的な資金過不足の調整の手段となっています。

イングランド銀行の短期のオペレーションでは、以下の2つが中心的に用いられています。

- Short-term Repo Open Market Operations（Short-term Repo OMOs）
- Long-term Repo Open Market Operations（Long-term Repo OMOs）

このうちShort-term Repo OMOsは、マクロ的な資金過不足（主に銀行間での資金の過不足）に対する主たる調整手段として実施されています。

このオペはイングランド銀行があらかじめ金利を定め、応札者は金額のみを応札する**固定金利入札方式**です。この金利がイングランド銀行の政策金利となっています。

🌱 リーマン・ショック時の債券買入オペ

債券買入オペ
中央銀行が市場から債券（国債）を買うオペレーションで、通常はデフレの際に行われる。市場の通貨量を増やせるので、物価の下落を抑える、金利を下げる効果があるとされている。

イングランド銀行は以前、期間が1年を超えるオペ手段を有していませんでした。2006年5月に金融調節の枠組みの見直しを実施するにあたり、その一環として**債券買入オペ**＊を導入しました。

この導入が大きな金融調節につながったのは、2009年3月5日でした。イングランド銀行が2008年9月のリーマン・ショックなどによる金融経済危機に対応したものです。

まず、**金融政策委員会（MPC）**で政策金利の0.5％に引下

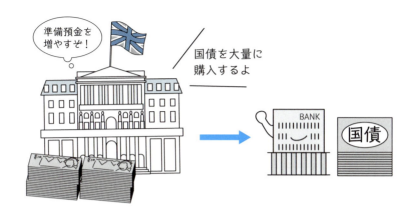

げを決定しました。

同時に、量的緩和策として英国債を買い入れる方針を発表しています（**資産買入ファシリティ、APF**）。

その内容は2009年の３月から11月の間に総枠2,000億ポンドの資産（対象は主に英国債）を購入するというものでした。

目的は、国債の大量購入による**準備預金増**です。さらに、この国債買入れに対して、政府は損失補償の契約を結ぶという徹底ぶりでした。

急拡大させた量的緩和政策

量的緩和政策の採用を公表した後、３月11日に国債を初購入しています。その後国債の購入額を急拡大させました。

買取りの基本は国債ですが、３月25日には初めて社債も購入しています。

その後、３ヶ月ごとに見直しがかけられ、同年５月７日に1,250億ポンド、８月６日に1,750億ポンド、11月５日に総枠の2,000億ポンドとなりました。

８月６日にイングランド銀行が資産買入れプログラムの枠

を1,250億ポンドから1,750億ポンドに拡大する際には、英国債の種類を増やしています。この際に、償還期間が３年の国債や25年超の国債も購入することを決定しました。

　その後数度の量的緩和を経て、出口政策も検討されました。しかし、2020年３月のコロナ危機により出口政策が実行不可能となりました。総額で8950億ポンドまで増加したのです。
　その後、2022年9月に出口政策が決定され、保有する英国債の削減を決定しました。今後12か月間で800億ポンドを満期償還・売却を通じて減額。2023年9月には年間1000億ポンド減額とし、2024年9月も年間1000億ポンドの削減を決定しました。

　イングランド銀行の政策金利の推移を見てみましょう。
　2008年中に5.5%から2.00%に引き下げられ、2009年１月に1.5%、2月に1.00%、3月に0.5%に、2016年8月0.25%に引き下げられました。
　2017年11月には0.5%に、2018年8月に0.75%に引き上げられましたが、新型コロナウイルス感染拡大の影響で、2020年3月には一気に0.1%に引き下げられました。
　その後、世界的な物価上昇を受けて、2021年12月から段階的に引き上げられ、2023年8月には5.25%となりました。そして2024年8月には5.00%と引き下げに転じています。

▶ 2006年に債券買入オペを導入した
▶ リーマン・ショック時に各国の中央銀行は量的緩和策などにより金融資産を大量購入した

第 8 章

日本の ゼロ金利政策とは 何だったのか

⑧-1 バブル崩壊前後の日銀の政策金利

> 日本の政策金利は、バブル崩壊をきっかけにどんどん下がっていき、アジア通貨危機、ロシア通貨危機に対応するために0.25％までになりました。

「金利は付くのが当たり前です」と言われても、若い人はにわかに信じがたいかもしれません。それぐらい、預金に利子がほとんど付かないことが普通になっています。

では、いつから日本ではこのような事態になってしまったのでしょうか。

金利を代表する日銀の政策金利がどのように推移していたのかを確かめてみましょう。

🌱 バブル時代の金融引締め

過去、日経平均が当時の過去最高値を付けたのは1989年でした。ちょうどバブルの絶頂期で、1989年12月の大納会に日経平均は当時としての過去最高値を付け、それから大きく下落することとなります。

三重野康
日銀総裁

その同じ年の5月、日銀は**当時の政策金利**である公定歩合を2.50％から3.25％に引き上げています。さらに10月には3.75％に、12月には4.25％に引き上げました。

これは、日銀が、株価や地価の高騰による資産バブルに対して、重い腰を上げて押さえにかかったと言えます。

1989年12月に**三重野康氏**が**日銀総裁**に就任すると、さらに金融引締め政

策を矢継ぎ早に実施しました。1990年3月には5.25％と1％も、さらに8月には6.0％に引き上げています。

平成の鬼平と呼ばれた三重野総裁は、バブルとそれによる物価上昇に対して、金融引締め策で対処していったのです。

消費税の導入と物価上昇

日本で消費税が導入されたのは、1989年4月のことでした。当時の税率は3％です。

この消費税導入の影響からか、消費者物価指数は4月から2％台に上昇しました。しかし、1990年4月にも2％台になっています。消費税による一時的な要因を除いても、物価上昇は続いていたということです。

ただし、物価の水準から見て、政策金利がかなり高めとなっていたことは確かでした。

🌱バブル崩壊後の日銀の対応

株価や地価が急落した**バブル崩壊**は1991年から1993年にかけて起きたと言われています。

日銀は、株価の下落などに対応するため、1991年7月に公定歩合を6.0％から5.5％に引き下げました。続いて11月には5.0％に、12月には4.5％に引き下げています。

1992年に入っても引下げは続き、4月に3.75％、7月に

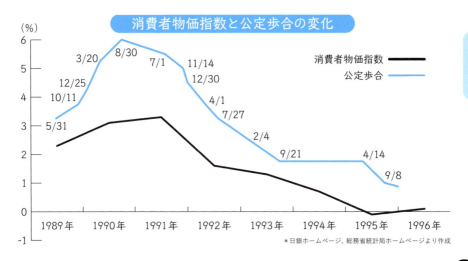

消費者物価指数と公定歩合の変化

＊日銀ホームページ、総務省統計局ホームページより作成

は3.25％になりました。1993年2月には、2.5％とバブル崩壊前の水準に引き下げています。

1993年には消費者物指数の前年比が1％台と低迷しています。これを受けて、9月には公定歩合を1.75％に引き下げました。

それでも、1995年には消費者物価指数の前年比がマイナスとなるいわゆる**デフレの状態**となってしまいました。そのため、4月に政策金利を1.00％、同年9月には0.50％に引き下げています。

0.50％は1998年8月まで続きました。

🌱アジア通貨危機、ロシア財政危機

1997年にはアジア通貨危機が起きています。タイの通貨バーツの暴落を皮切りに、アジアの新興諸国の通貨が連鎖的に暴落し、東アジア全域の経済が大混乱に陥りました。

1998年5月にはロシアの財政危機が発生しています。

ロシアの通貨危機はヘッジファンドにも影響を及ぼしました。とりわけノーベル賞受賞者が設立に関与したLTCM*が1998年9月に破綻に追い込まれています。

FRB*は9月17日から11月17日まで、3回にわたり積極的な金利引下げを実施しました。日欧の中央銀行も政策金利を引下げています。

日銀は、政策金利を0.25％に引き下げました。

> **LTCM**
> ロングタームキャピタルマネジメントの略。高度な金融理論で高い運用成績を上げることで知られたヘッジファンドだったが、アジア通貨危機、ロシア財政危機で損失が膨らんで破綻した。
>
> *FRB
> 144ページ参照

▷ バブル時は物価上昇に対して金融引き締めとして、公定歩合が最高6.0％まで引き上げられた
▷ バブル崩壊後は金融緩和策に転じていく

8-2 金利が消滅した 日銀のゼロ金利政策

政策金利が0.25％からゼロ金利となった経緯を見ていきましょう。1999年に決定したゼロ金利政策は、経済状況に合わせて解除と再開繰り返しながら2013年の量的・質的緩和策につながっていきます。

政策金利が0.25％にまで下がった翌年、1999年2月に日銀はいわゆる**ゼロ金利政策**を決定します。これも、いわゆる究極の金融緩和策のひとつとなります。

その背景には、1998年末に起きた**運用部ショック**＊と呼ばれた日本国債の暴落がありました。

「生保などが日本国債の暴落で受けた損失を、米債の売却でカバーするのでは」と恐れた米国が、日本政府に対して対策を求めたのです。これにより日銀はゼロ金利政策をとらざるを得なくなりました。

> **運用部ショック**
> 当時大量の国債を保有していた大蔵省の資金運用部（郵貯や簡保の資金を運用）が国債の買入れを停止するというアナウンスをきっかけに、長期金利が跳ね上がった。

🌱 日銀と政府との対立が強まる

日銀が**ゼロ金利解除**を決定したのは、翌年2000年8月です。日銀としては運用部ショックを受けてのゼロ金利政策だったので、長期金利が落ち着いたこともあってゼロ金利政策を解除したのです。

しかし、これが金融引締めとなる利上げを避けたい政府との対立を招きました。日銀の金融政策決定会合に参加していた政府関係者から「時期尚早」として議決延期請求権を行使されるなど、政府との対立色を強める中での決定でした。

結果として、この後、米国の**ITバブルの崩壊**＊に日本も巻き込まれてしまいます。政府側からすれば「やはりそうなったか」と言いたくなる結果になってしまったのです。ゼロ金利解除時にITバブルの崩壊は想定されておらず、日銀は

> **ITバブルの崩壊**
> 1999年から2000年にかけて。

利上げのタイミングを誤ったかのような結果となってしまいました。

その後、ITバブルの崩壊もあり、消費者物価指数がマイナスの状態が続く、いわゆる**デフレ状態**が続くこととなったのです。

再びゼロ金利へ

2001年3月に日銀は**無担保翌日物コールレート**から**日銀当座預金残高**に操作目標を変更するという**量的緩和政策**を決定します。

政策金利は実質的に**ゼロ金利**に戻る格好となったのです。つまり再び、金利が付かない状況になりました。

この金利が付かない状態は2006年まで続いています。

一方、消費者物価指数は、2005年9月まで前年比マイナスとなっていましたが、10月はゼロ、11月からはプラスに

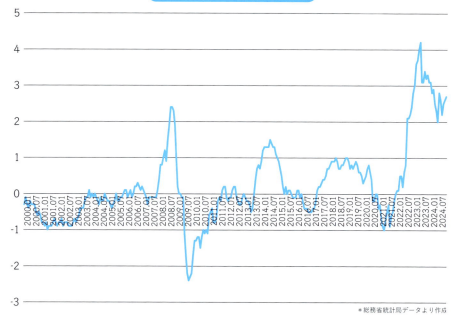

消費者物価指数の推移

＊総務省統計局データより作成

転じます。

　2006年はマイナスに転じる月もありましたが、6月あたりからはプラスが続きました。

　これを受け、日銀は3月に**量的緩和を解除**して、政策目標を量から再び金利に戻します。また、7月にはゼロ金利政策を解除します。これはつまり政策金利を実質ゼロからプラス、この際は0.25％に引き上げたのです。

　その後、2007年2月に政策金利を0.5％に引き上げましたが、金利の上昇はここまでとなりました。いわゆるリーマン・ショックに代表される米国の金融危機が発生したのです。

リーマン・ショック前後

　2008年9月に起きるリーマン・ショック前、中国など新興国経済の成長がめざましく、原油価格が急騰したことがあります。その結果、一時的に7月から9月にかけての消費者物価指数が2％を超えていました。

　ただ、このときは日銀は利上げに動くことはありませんでした。

　2009年3月に消費者物価指数は再び前年比マイナスに転じ、いわゆるデフレの状態が再開することになります。これが2013年4月あたりまで続くことになるのです。

　2013年4月、日銀は究極の金融緩和策ともいえる**量的・質的緩和策**を決定しました。

▷ 1999年に決定したゼロ金利政策は、その後解除とゼロ金利の再開を繰り返した

▷ 2013年に究極の金融緩和である量定・質的緩和策を決定

8-3 日銀の異次元緩和とは何だったのか

2012年に発足した安倍政権が実施したアベノミクスと2013年に日銀総裁に就任した黒田氏が発表したマイナス金利付き量的・質的緩和の導入によって何が起きたのかを振り返りましょう。

日銀は2013年4月に異次元緩和と呼ばれた量的・質的緩和政策を決定します。

2012年12月の衆院選で圧勝した自民党が政権を奪い返し、安倍政権が誕生しました。この際、安倍氏は日銀による積極的な金融緩和策によってデフレからの脱却を目指します。この政策はアベノミクスと呼ばれました。

安倍政権の意向を受けて、2013年3月に日銀総裁に就任した黒田東彦氏は4月の金融政策決定会合で大胆な金融緩和策を打ち出したのです。

金融政策の政策目標が量となっていたことでもわかるように、短期金利はゼロ近傍に抑え込まれました。

黒田東彦
日銀総裁

🌱 アベノミクスの効果とは？

*ECB
158ページ参照

ECB*の積極的な政策などによって欧州の信用危機が後退していた時期に、日銀による大胆な金融緩和策を受けて、急激な円高調整、つまり円安となり、株価も上昇してきました。ただし、これはアベノミクスの成果よりタイミングが良かったと言ったほうがいいかと思われます。

2014年4月の消費税増税を控えて、駆込み需要も重なり

ました。また、円安による輸入物価の上昇などもあり、消費者物価指数※は切り返しました。

ゼロになったのは2013年4月です。その後はプラスに転じ、2014年4月には3.2％に上昇しました。これは、4月からの消費税増税の影響も大きかったのですが、その影響を除いても前年比でプラス1.5％となっていたのです。

ただし、結局、ここでピークアウトします。

消費税増税によって物価上昇が抑制されたことよりも、金融緩和による物価上昇に無理があったと見るべきでしょう。

大胆な緩和が続いても、2015年4月の消費者物価指数は前年比0.3％に低下しました。

※消費者物価指数
93ページ参照

いよいよマイナス金利へ

その後の消費者物価指数はゼロ近辺に低下しました。

さらに2016年に入り、原油安やその要因ともなった中国の景気減速への懸念などから、急激な円高株安が進行します。

その結果、1月末の金融政策決定会合でマイナス金利付き量的・質的緩和の導入を決定したのです。

日銀当座預金にマイナス0.1％のマイナス金利を適用したのですが、欧州で採用されている階層構造※方式として超過準備の一部にマイナス金利が適用されました。

※階層構造
98ページ参照

*イールドカーブ
86ページ参照

このマイナス金利政策の導入決定により、国債の**イールドカーブ***は大きく押し下げられました。

10年を超える国債の利回りがマイナスとなり、まだプラスの利回りとなっていた20年を超える超長期債の金利も1％を下回っています。

これほどまでに国債利回りが低下するのは、異常な事態と言えました。

*利ざや
34ページ参照

国債利回りのマイナス化は、**利ざや***の縮小により金融機関の収益悪化を招きます。資産運用に国債金利のマイナス化が悪影響を与え、日銀は金融界から批判を受けました。

▶アベノミクスの効果は限定的で、一時期上昇していた消費者物価指数も2015年には前年比0.3％に低下した
▶2016年にマイナス金利付き・量的質的緩和が導入された

8-4 長期金利でさえも喪失させた日銀

2016年には長短金利操作付き量的・質的金融緩和という新しい金融政策が導入されました。具体的に、どのようなオペレーションをしたのか、その効果についても見ていきましょう。

日銀は、2016年9月21日の金融政策決定会合において、**長短金利操作付き量的・質的金融緩和**と名付けられた金融政策の新しい枠組みの導入を決めました。

これは、長短金利の操作を行う**イールドカーブ・コントロール**と、消費者物価上昇率の実績値が安定的に2％を超えるまで資金供給拡大を継続する**オーバーシュート型コミットメント**＊が柱となります。

金融政策の目標が量から金利へ

これを受けて**マネタリーベース＊の目標値**がなくなりました。金融政策の目標がマネタリーベースという**量**から、長短金利という**金利**に戻された格好となったのです。

これにより、量、つまりマネタリーベース目標による制約を受けることがなくなり、国債の買入れについて柔軟な対応が可能となりました。

さらに**長期金利コンロール**によって、長期金利をゼロ％程度に抑え込むこととしました。ただし、10年を超える超長期国債の利回りについては上昇することを容認し、金融機関が少しでも利ざやを得られるようにすることも目的とみられました。

指し値オペの導入

長短金利操作付き量的・質的金融緩和の導入に際して、日銀は新たに**日銀が指定する利回りによる国債買入れ（指し値オペ）**を導入しました。

> **オーバーシュート型コミットメント**
> 物価安定の目標値である消費者物価上昇率が2％を超えるまで金融緩和を継続するという日銀の金融政策。
>
> ＊**マネタリーベース**
> 141ページ参照

指し値オペとは、日銀が指定した利回りで日銀が新発国債を無制限に購入するというオペです。長期金利の上昇を抑制する働きを持っています。

その半面、10年新発債の市場での流通量を減少させ、債券市場の機能を失わせかねないものでもあります。

指し値オペが初めて実施されたのは2016年11月17日のことです。このときは、実勢利回りが指し値よりも低下していました。利回りが低いということは価格が高くなります。日銀として売るより市場で売ったほうが高く売れるため、応札*額はゼロとなりました。

> 応札
> 入札方式で国債を日銀に売却する。

2017年2月2日に日銀は指し値オペをオファーしました。前場*の10年債利回り水準は0.140％近辺でした。日銀は0.110％で指し値オペをオファーしたのです。

日銀に売ったほうが高く売れたため、今度は応札なしとはなりませんでした。これを受けて10年債利回りは0.1％を割り込みました。

> 前場
> 株式市場が開いている取引時間のうち、午前中の9時から11時半のこと。午後を後場と呼ぶ。

量的・質的緩和政策の一部修正

　2018年7月31日の日銀金融政策決定会合では、それまでの長短金利操作付き量的・質的緩和政策の大枠はそのままに、内容の一部を修正してきました。

　長短金利操作（イールドカーブ・コントロール）は大枠に変更はありません。ただし、**金利は、経済・物価情勢等に応じて上下にある程度変動しうるもの**として水準レンジを広げることを示しました。

　黒田日銀総裁（当時）の会見では、この水準について**これまでの「倍」**との表現が出ていました。つまりマイナス0.1％からプラス0.1％とのレンジが、マイナス0.2％からプラス0.2％になったと考えられます。

▷ 2016年に長短金利操作付き量的・質的金融緩和が導入された
▷ 指し値オペは長期金利を抑制させる効果がある

8-5 ウクライナ侵攻による物価上昇への対応

北京オリンピック後に始まったロシアのウクライナ侵攻は、世界中に物価高をもたらしました。原油、天然ガスなどの需要が逼迫すると見られたからです。各国の対応を見てみましょう。

2022年は世界的に物価や金利を取り巻く情勢が様変わりした年になりました。

年初から円安が進行し、ドル円相場は5年ぶりの116円台を付けています。

円安の要因は**金利差**にありました。

また、同年2月1日、ロシア上院が、ウクライナのロシア系住民を保護するためとして軍事介入を承認しました。これでロシアによるウクライナ侵攻が始まり、世界の経済・物価、さらに金利に大きな影響を与えることとなります。

🌱 金利上昇圧力に対する指し値オペ

こうしたことが要因となり、欧米の長期金利に上昇圧力がかかりました。これを受けて日本の長期金利にも上昇圧力が加わりました。

長期金利が海外金利の上昇などに過度に影響されていると判断した日銀は、2月10日の夕刻に14日の日付指定で**指し値オペ***の実施を予告しました。

対象銘柄は、10年国債のカレント物と呼ばれる直近に発行された3銘柄です。

指し値オペは、買入金額は無制限という点が大きなポイントです。利回り水準は直近カレントとなる365回で0.25%としています。

*指し値オペ
192ページ参照

ロシアとウクライナの位置

NATO加盟国（欧州以外にアメリカ・カナダ）

つまり日銀は、**イールドカーブ・コントロール**＊のために0.25％で止めるぞと無制限買入れという強力な手段に訴えたのです。

日銀は2021年3月の金融政策決定会合で長期金利の変動幅は±0.25％程度であることを明確化していました。

＊イールドカーブ・コントロール
191ページ参照

🌱 ウクライナ侵攻による物価上昇

この2022年2月には、**北京オリンピック**も開催されました。ウクライナ侵攻が始まったのは、17日間にわたった北京オリンピックが20日に閉幕した4日後のことです。

24日にロシアのプーチン大統領が「ウクライナでの軍事作戦を開始する」と述べ、ロシアによるウクライナ侵攻が開始されました。

米欧はロシアに対する制裁を強化します。これによってロシアからの原油輸出が停滞し、需給が一段と逼迫するとの懸念が強まりました。

原油先物は上昇し、**WTI先物**＊は7年ぶりに100ドル台に一時上昇しています。

📓 **WTI先物**
WTIはWest Texas Intermediateの略で、アメリカの原油先物を指す。取引量が多いので、原油価格の指標となっている。

ウクライナ侵攻後に高騰したものの例

原油先物

天然ガス

小麦

トウモロコシ

　天然ガスの価格も急騰しました。
　小麦先物も高騰します。ロシアやウクライナは穀物の産地でもあるからです。経済制裁の影響に加え、戦乱で穀倉地帯に被害が及びかねないとの懸念などがありました。3月4日には小麦先物価格が2008年3月以来の水準に上昇しています。トウモロコシ先物も10年ぶりに高値を付けました。

　WTI原油先物はその後3月7日に、一時130.50ドルと期近物として2008年7月以来の高値を付けています。
　その結果、2月の米国の消費者物価指数は、前年同月比7.9％と1982年1月以来約40年ぶりの上昇率になりました。

🌱 世界の中央銀行の動き

　世界的な物価の上昇を受け、欧米の中央銀行は金融政策を緩和から引締めに転じています。
　FRBは3月16日のFOMCでFF金利の誘導目標を0〜0.25％から0.25〜0.50％への引上げを決定し、ゼロ金利政策を解除。2018年12月以来の利上げとなりました。

　3月25日に米国の長期金利は一時2.50％と2019年5月以来の水準に上昇。
　日本の10年債利回りも日銀の許容レンジの上限である0.250％を付けました。

🌱 日銀の対策

こうした事態に、3月28日、日銀は複数日にまたがって国債を決まった利回りで無制限に買い入れる**連続指し値オペ**を実施すると発表。29日から実施しました。

一定の期間に指し値オペを繰り返し実施するもので、長期金利の上昇をより強く抑え込む効果が期待できます。

5月2日以降、明らかに応札が見込まれない場合を除き、毎営業日指し値オペをオファーすると発表しました。つまり無制限に毎営業日、指し値オペを連続で行うというのです。

6月15日には、債券先物の**チーペスト***となる356回も指し値オペの対象に加えました。

債券先物は理論的にはチーペストと呼ばれる国債価格に連動しています。チーペストを指し値オペの対象に加えるということは、債券先物への仕掛け的な売りをも抑え込もうとしたわけです。まさに日銀は長期金利を力ずくで抑え込もうとしたのです。

> 📝 **チーペスト**
> 債券先物は受渡可能な国債の中で一番割安なものに価格が連動する仕組みとなっている。この最も割安なものは「チーペスト銘柄（CTD = Cheapest To Deliver）」と呼ばれる。

▷ 2022年に始まったロシアのウクライナ侵攻は世界中の物価高をもたらした
▷ 日銀は連続指し値オペで長期金利を抑え込んだ

8-6 日銀の長期金利抑え込み

> 外国為替市場で円安対策を行いましたが、長期金利は上昇していました。そこで実施したのが共通担保資金供給オペレーションでした。今後5年間は低利子で市中銀行に貸すという意味です。

2022年12月20日に行われた日銀の金融政策決定会合で、日銀は突如として緩和政策の一部に修正を加えます。

国債買入額を大幅に増額しつつ、長期金利の変動幅を従来の±0.25％程度から±0.50程度に拡大したのです。

これはサプライズとなりました。

10年債利回りが一時0.460％に上昇。債券先物は一時145円52銭まで急落し、サーキット・ブレーカーが発動する事態となったのです。

どうしてこのタイミングで変動幅の引き上げを行ったのでしょうか。

為替介入が実施される

外国為替市場*（外為市場、為替市場）では、9月と10月に円安抑制のために**為替介入***が実施されました。

政府による物価高対策などもあって、日銀も行動を起こさざるを得なくなったためと考えられます。日銀総裁人事などがからんで見えない思惑があった可能性もあります。

財務省によれば、2022年末の外貨準備高は1兆2,275億ドル（約162兆円）となっており、21年末から1,782億ドル（12.7％）減る結果となりました。

減少は6年ぶりで、比較できる2001年以降では最大の減少率となったのです。

外国為替市場
円やドルなど異なる通貨を交換（売買）する場のこと。

***為替介入**
130ページ参照

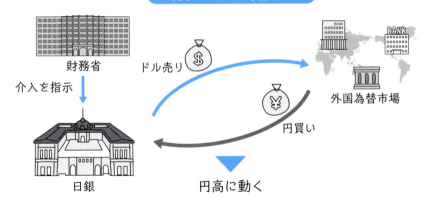

この減少率は、今後の為替介入の制約制限ともなりかねません。ドル売りのための実弾の減少とともに、そもそも外貨準備を大きく取り崩すことによるリスクも意識されます。

共通担保資金供給オペレーション

長期金利は再び上昇し、2023年1月13日の10年債カレントの369回債の日本相互証券*で付いた利回りが、一時0.545％と0.500％を超えて上昇しました。

＊**日本相互証券**
111ページ参照

仕掛け的な売りが入った可能性もあります。

23日には、日銀が18日に予告していた貸付期間を5年とする**共通担保資金供給オペレーション**を実施します。

今後5年間は低金利で日銀が市中銀行にお金を貸す、という意味でした。

これは、金利の上昇を抑える政策のひとつと言えます。金利抑制の選択肢を増やすことにもなるからです。

2023年1月の消費者物価指数は、変動の大きい生鮮食品を除く総合指数が前年同月比で4.2％の上昇となりました。

第二次石油危機の影響で物価が上がっていた1981年9月の同4.2％以来、41年4ヶ月ぶりの上昇率です。

毎営業日連続無制限指し値オペの結果

2023年1月24日に日銀が発表した保有する国債の銘柄別残高（1月21日時点）によると、**毎営業日連続無制限指し値オペ**で購入対象＊となっている国債発行額に対する日銀の保有残高が帳簿上100％を上回りました。

これは、日銀が長期金利を抑え込むため、毎営業日連続の無制限の指し値オペを行った結果でした。これにより、同銘柄の市場流動性を完全に奪った格好となったのです。

なぜ日銀の国債保有残高が100％を上回ったのでしょうか。

まず、現先方式を通じて、該当銘柄を借りた市場参加者がほかの業者（証券会社など）に売却（結果として空売り、ショートとなる）します。そして、それを買った業者が日銀に指し値オペを使って売却します。

つまり、空売りした市場参加者は、いずれどこかで国債を手当てしなければならないものの、手当てするまで、発行額以上の国債が流通していることになるわけです。計算上、空売り分が増加してしまいます。

それを含めて、日銀が毎営業日連続無制限指し値オペで大量に該当銘柄（369回、368回、367回）を買い上げた結果、日銀の該当銘柄の保有残高が発行額を超えるという事態が発

> **毎営業日連続無制限指し値オペの購入対象**
> 10年債カレントの3銘柄369回、368回、367回債、そして債券先物3月限のチーペストとなっている10年債の358回債。

生したのです。

　日銀による国債買入れの額全体そのものも、異常に膨れ上がりました。2023年1月の国債購入額は23兆6,902億円です。決済日を基準とした月間購入額で、2022年6月の16兆2,038億円を大幅に上回り、過去最高額となりました。
　これで、物価が上昇している最中にもかかわらず、量的な金融緩和を強化したような格好となっていたのです。
　しかも債券市場の流動性を奪う格好で、です。

積極的な買入れで長期金利を抑え込む日銀

　このような状況の中で行われた3月10日の日銀の金融政策決定会合では、金融政策の現状維持が決定しました。
　3月10日の日本相互証券で、日銀の10年カレントの指し値オペの対象となっている368回債の利回りがマイナス0.020％に低下していたのですが、これは完全に需給バランスが崩れたためです。
　物価が上昇し、金利上昇圧力が強まる中、長期金利を無理矢理抑え込むために積極的な買入れを実施しました。その結果、日銀による2022年度の国債買入額は、前年度から約63兆円増の135兆9,890億円となったのです。これは、2016年度の115兆8,001億円を超え、過去最高額でした。

▶ 日銀が物価高・円安に対して、積極的な介入を繰り返したことで、実質的に量的な金融緩和を強化した格好に
▶ 債券市場の流動性が奪われてしまった

8-7 日銀新総裁とイールドカーブ・コントロール

日銀新総裁に植田和男氏が就任したとき、市場ではイールドカーブ・コントロールの修正など、政策変更を期待していました。実際に修正したタイミングとその後の流れを紹介します。

　2023年3月20日に氷見野良三・前金融庁長官と内田眞一・日銀理事が日銀副総裁に就任しました。

　続く4月9日には黒田氏の後任として、経済学者の植田和男氏が総裁に就任しました。

植田和男
日銀総裁

氷見野良三
日銀副総裁

内田眞一
日銀副総裁

🌱 イールドカーブ・コントロールの修正

　4月の日銀新体制発足以後、植田総裁は「現時点では**イールドカーブ・コントロールによる金融緩和の継続が必要**であり、拙速な政策転換の**コストは極めて大きい**」との認識を示していました。

　しかし、市場では、**イールドカーブ・コントロール**＊の**修正**をはじめとして、早急に**政策変更**への道筋を示すであろうという期待がありました。

＊イールドカーブ・コントロール
191ページ参照

結局、**イールドカーブ・コントロールの修正**が行われたのは、7月28日の金融政策決定会合においてです。その際の発表は下記のようなものでした。

- 長期金利の変動幅は±0.5％程度を目途
- 長短金利操作はより柔軟に運用
- 10年物国債金利について、1.0％の利回りでの指し値オペを毎営業日、実施する（明らかに応札が見込まれない場合を除く）

　目途という言葉を使って「±0.5％程度」を形骸化させ、実質的には1.0％を上限としたのがポイントです。
　債券市場の機能を意識した面もありますが、やはり念頭にあったのは**円安対応**と、**日銀ができる範囲の物価への対応**でした。金融政策の正常化を意図したものではありません。

9月には長期金利が上昇

　イールドカーブ・コントロールの修正に対して、日銀の植田総裁は次のように説明しています（9月9日の読売新聞のインタビューにて）。

- 物価目標の実現にはまだ距離がある
- マイナス金利解除は選択肢
- マイナス金利の解除後にも物価目標の達成が可能と判断すれば「やる」
- ビハインド・ザ・カーブ＊を積極的に許容するというわけではない

ビハインド・ザ・カーブ
経済状況の変化に、中央銀行や金融期間の対応が遅れている状態。

　当時は、**原油価格の上昇**などもあり、米国の長期金利が再び上昇してきていました。**日米金利差、FRBと日銀の金融政策の方向性の違い**によって**円安**も進行してきたときです。
　不透明な状況でしたが、植田総裁はインタビューで「年内

（2023年）にも判断できる材料が出そろう可能性がある」と示唆していました。

　9月には長期金利が0.7％台と2014年1月以来の高い水準を付けてきました。
　植田総裁がインタビューで「長期金利が現状の0.6％台半ばから経済・物価情勢に合わせてさらに上昇すること」にも理解を示したことも要因です。
　米長期金利の上昇や国内の物価が高止まりしていることも背景にありました。

▶ 2023年に日銀に新総裁・新副総裁が就任し、イールドカーブ・コントロールの修正を期待された
▶ マイナス金利解除について示唆した

8-8 "普通"の金融政策に戻した日銀

大胆な緩和策でも物価は上がらず、十分な成果を得られないまま、日銀は金融政策を正常化させるタイミングを失っていました。植田総裁の就任後に動き出した金融政策とその後について考えましょう。

2024年3月19日、日銀は**金融政策決定会合**で**金融政策の変更**を行いました。

🌱 マイナス金利の解除

政策金利を**日銀当座預金の付利の一部に課せられたマイナス0.1％**から**無担保コール翌日物の金利**に戻しました。

また、その金利をゼロから0.1％とし、いわゆる**マイナス金利を解除**します。

さらに、長期金利コントロールを含めた**イールドカーブ・コントロール**※を廃止しました。ただし、これまでとおおむね同程度の金額で長期国債の買入れを継続します。

長期国債以外の資産の買入れは、ETF※、J-REIT※について新規の買入れを終了しました。

CP※等および社債等は買入額を段階的に減額し、1年後を目処に買入れを終了します。

フォワードガイダンス※では、それまでの金融政策から普通の金融政策にすることがメッセージとして伝えられています。

「必要があれば躊躇なく追加的な金融緩和措置を講じる」という片道切符から、「短期金利の操作を主たる政策手段として、経済・物価・金融情勢に応じて適切に金融政策を運営する」になりました。

※**イールドカーブ・コントロール**
191ページ参照

※**ETF**
上場投資信託。投資信託の一種で、東京証券取引所に上場している。

※**J-REIT**
不動産投資信託（REIT）のこと。日本国内の不動産に投資する。

※**CP**
企業が公開市場で発行する無担保約束手形。割引形式で発行する。

※**フォワードガイダンス**
中央銀行が金融政策の方針を前もって表明すること。市場参加者に期待を持たせ、金融政策の効果を高める。

普通の金融政策と植田総裁

これらの変更は、いわゆる金融政策の正常化の一歩目となります。

ただ、植田日銀総裁は会見で**正常化**という表現は使いたくないようで**普通の金融政策**にしたとしていました。

政策変更の結果、政策金利を無担保コール翌日物の金利に戻し、それをゼロから0.1％とすることを「ゼロ金利」と読んで良いのか、という総裁会見での質問に対して、「そうである」とは答えませんでした。

正常化でも普通でも表現はどちらにしてもよいのですが、とにかく日銀はやっとのことで一般的な金融政策に戻すことを決定したのです。

市場は正常化を願っていた

＊量的・質的緩和政策
189ページ参照

私は、2013年4月に量的・質的緩和政策＊を決定した時点から、正常化を願っていました。しかし、正常化までそれから11年も経過してしまっていました。

なぜ、11年もかかってしまったのでしょうか。

当初は、消費者物価指数の上昇率を「2年で2％を達成す

る」としていたのですが、できませんでした。

　これは、日銀がいくら大胆な緩和策を行っても、「のれんに腕押し状態で、能動的に物価を引き上げることができなかった」ことを証明したともいえます。

　それにもかかわらず、黒田総裁時代には総裁自身が異次元緩和の非を認めていません。リフレ派*の政治家によるプレッシャーもあって、日銀はそれを続けざるを得なかった面もありました。

　2022年には**無制限毎営業日連続の指し値オペ***という究極のオペを実施しました。市場との対立姿勢を強め、10年国債の発行額以上を買い上げるということまでしてきたのです。
　私には、日銀が債券市場の機能を停止させようとしたように見えました。

> **リフレ派**
> 国債を大量に発行させて財政拡大政策を行うとともに、大胆な金融緩和策を進めることで物価が上がり景気が良くなるという考えの人たち。
>
> * **無制限毎営業日連続の指し値オペ**
> 200ページ参照

日銀は次のステップに進む

　それが、総裁が植田氏となり、賃金の上昇のみならず、政治情勢の変化も手伝い、やっと正常化を進めることが可能となったのです。

　普通の金融政策に戻って、物価も高い水準が維持されるのであれば、次のステップは**利上げ**となります。

　2024年3月にマイナス金利を解除した際に、政策金利を無担保コールレート（オーバーナイト物）に戻したうえで、無担保コールレート（オーバーナイト物）を、0〜0.1％程度で推移するよう促すことを決定しました。

　そして2024年7月31日の金融政策決定会合にて、日銀は無担保コールレート（オーバーナイト物）を、0.25％程度で推移するよう促すことを決定したのです。これにより金融政策の正常化をさらに一歩進めることになりました。

　この会合では、長期国債買入れの減額について、月間の長

期国債の買入予定額を、原則として毎四半期4,000億円程度ずつ減額し、2026年１～３月に３兆円程度とする計画も決定しました。

　日銀はこれまで慎重すぎたと言えますが、これからも同様に慎重であるとは考えないほうがいいかもしれません。いい意味で、日銀は変わった可能性があります。

▶ 2024年３月に日銀はマイナス金利政策とイールドカーブ・コントロール政策を解除
▶ ７月に日銀は政策金利を0.25％に引き上げた

第 9 章

金利の謎を解き明かす

9-1 金利を動かす金融政策は万能ではない

金利が誕生して以来、人類は金利をコントロールすることで経済や文化をコントロールできると考えてきました。しかし、それは本当でしょうか。

金利とは何なのでしょうか。
この本の主題はまさにここにあります。

🌱 金利の誕生と中央銀行の誕生

もともと、金利は、稲の貸し借りなどを通じて自然に発生した※ものと言えます。

※ 自然に発生した
14ページ参照

その後、金利を通じて経済・物価に働きかけようと、中央銀行の金融政策が生まれました。

銀行を中心としたお金の貸し借りは、主に中央銀行の当座預金で行われます。そのため、その当座預金で中央銀行が資金調節、いわゆるオペレーションをし、一定の金利に誘導するというシステムが生まれました。

中央銀行は、資金量の調節を通じて、短期金利を上げ下げします。その上げ下げで金利全体に働きかけて、経済物価に影響を与えようとします。

　同時に、より長い期間の金利にも働きかけ、経済活動に影響を与えようとしています。

金利は本当に物価に影響を与えるのか？

　とはいえ、そもそも中央銀行が金利を動かすことが、「物価に能動的な影響を与えることができるのか？」という問題もあります。

　たしかに、物価が高いときには、政策金利を引き上げることでやや強制的に物価を下げられるように思えます。

　現実に、過去、FRBのポール・ボルカー*議長が行った高金利政策によって物価上昇は抑制されました。

　また、2022年以降の物価上昇に対しても、FRBやECBの積極的な利上げで物価の上昇を抑えられたように思えます。

> **ポール・ボルカー**
> レーガン政権下の1979年〜1989年のFRB議長。ボルカー・ショックと呼ばれる政策金利の大幅引き上げで高インフレに対処した。

物価にはさまざまな要素が絡んでくる

　ただし、注意すべきは、金融政策だけで物価上昇が抑制されたわけではない点です。

　原材料価格や原油価格が落ち着きを取り戻したことで、物価上昇が抑制された面も考慮する必要があるでしょう。

　金融政策によって物価が自由にコントロールできるという考えは、ある意味妄想でした。2013年4月の異次元緩和決定後の日本の物価の動きを見ても明らかです。

　インフレに比べて、デフレには金融政策の効果が限定的との見方もできるのかもしれません。ともかく、金融政策は万能ではない、という認識を持つ必要があるでしょう。

▶ 政策金利を上げることで、ある程度、物価高に対応できる
▶ 物価にはさまざまな要因があるため、金融政策だけで物価が自由にコントロールできるわけではない

9-2 中央銀行の独立性と政治を無視できない金利

> 日銀は、なぜ長年、金融緩和を転換できなかったのでしょうか。それどころか、なぜ追加緩和を行ったのでしょうか。振り返ると、日銀と政治との切れない関係が見えてきます。

3月19日に日銀がマイナス金利政策を解除しました。イールドカーブ・コントロールも廃止しています。

これによって、**金利なき世界**から**金利ある世界**に回帰したとの見方があります。

しかし、短期金利については、金利がマイナスになっていたものが、プラスとなったものの0.25％と低水準にあり、長期金利については一時的に1％を超えた程度です（2024年9月現在）。

それでも、これまで日銀がかたくなに緩和方向からの転換を拒んでいた姿勢を、変化させたことの意味はあります。

デフレという経済実態が転換を拒んでいたこともありました。しかし、**転換を拒んでいたのは、政治的な圧力によるものが強かった**といえるのです。

米国中央銀行が独立性を獲得した流れ

政治が中央銀行の金融政策に影響を与えたのは今に始まったことではありません。

第二次世界大戦中の米国でも、長期金利を抑える政策がとられていました。

1951年に、この米国の国債金利上限維持政策（国債価格支持政策）終了の宣言のため、米財務省とFRB*が発表したのが**共同声明文**、いわゆる**アコード**です。

＊FRB
144ページ参照

米国では、ニクソン大統領がFRBに干渉していたことも知られています。

しかし、FRBはボルカー議長、マエストロと呼ばれたグリーンスパン議長などが信頼を積み上げ、独立性を勝ち得ていきました。

日本の政治と日銀

日本でも日銀の独立性が意識され、1998年4月に日銀法が改正されています。

しかしこれ以降、日銀の独立性はむしろ失われたと言えるかもしれません。

2000年8月のゼロ金利政策の解除では、政府出席者議決延期請求権を行使するなど、政府との対立色を強めました。

2006年3月の量的緩和解除と同年7月のゼロ金利解除の際は、議決延期請求権の行使など目立った対立はありませんでした。

しかし、**森政権**[*]の反対を押し切って日銀がゼロ金利政策を解除したとされています。当時の官房副長官だったのが安倍晋三氏でした。

森政権
2000年〜2001年、森喜朗を内閣総理大臣とする政権。

これを契機として一部の政治家が**リフレ派**の主張に耳を傾けるようになり、後の**アベノミクス**につながったとされています。

　2013年４月の量的・質的緩和政策は、アベノミクスを掲げた安倍政権の意向を受けて行ったものです。
　しかし、結果として金融政策で物価を能動的に動かすことはできませんでした。

　物価は金融政策によってのみ動くものではありません。それにもかかわらず、日銀は度重なる追加緩和を行いました。
　その結果、政策金利はマイナスとなり、長期金利までコントロール下において、無理矢理に金利をなくす政策に踏み切っていたのです。

　そのような異常ともいえる政策をやっと解除できたのが、2024年３月19日です。
　これには岸田政権（当時）が日銀の意向をくみ取っていた面もあるでしょうが、安倍派の影響力が後退していたタイミングであったことも確かです。
　政治が金利に大きく干渉することで何か起きていたのか。これから検証していくことも必要であると思います。

> ▶ 日銀が規制緩和からの転換を拒み、度重なる追加緩和を行ったのは、政治の意向を受けたものと言える
> ▶ 政治の金利への干渉について、今後の検証が必要

9-3 金利が失われた17年と引き上げによる影響

私たちは金利のない生活に慣れきっていないでしょうか。2024年に行われたマイナス金利の解除は、日本政府はもちろん、企業、個人の生活にも影響を与えます。

日銀は2024年3月19日の金融政策決定会合で変更した金融政策で、いわゆるマイナス金利を解除しました。実に17年ぶりの金利の引き上げです。

金融機関の預金にも利息が付くようになった

日銀が無担保コール翌日物金利の誘導目標を0.50％に引き上げたのは、2007年2月のことです。それ以降の金融政策は、金利の引下げや量的緩和など、緩和一辺倒のものとなりました。

このため、2007年から17年間は預貯金金利を含め、ほぼ金利がない状態が続いていました。

2024年のマイナス金利解除を受けて、ゆうちょ銀行は2024年4月8日から普通預金にあたる貯金の金利を引き上げることを決めました。

普通預金にあたる通常貯金の金利を現在の年0.001％から20倍の年0.02％に引き上げました。これも、2007年3月以来、およそ17年ぶりのことでした。

さらに7月31日の日銀の0.25％への利上げを受けて、普通預金金利は年0.1％に引き上げられています。

もちろん、年0.1％は、まだそれほど利息を実感できる数字ではありません。それでも、17年ぶりの引上げですから、私たちの金利に対する考え方、感じ方に変化が生じることが予想されます。

🌱 金利なき17年がもたらしたもの

金利なき17年間に社会人となった人たちにとって、「金利はほぼなきもの」との認識を持っているかもしれません。

戦後生まれが戦争を知らないように、金利を知らない世代が現在の社会経済の最前線にいることで、いろいろなとまどいも出てくるのではないでしょうか。

金利の上昇は、**ゾンビ企業***に影響を与えるといった見方もあります。金利上昇に耐性のない企業への影響は確かに少なからずあるでしょう。

ゾンビ企業
業績不振で経営が破綻しているが、金融機関の支援などで続いている企業のこと。

金融機関も、本来の**利ざや***を稼ぐことが重要となってきます。これまでは、いかに手数料収入を得るかが重視されてきたように思いますが、金利が引き上げられると、本来の**貸出しや保有国債の運用利回り**などによる収入が見込まれます。

***利ざや**
34ページ参照

🌱 金利の引上げによる影響

デフレ下で動かなかった資金が動き出すことも予想されます。タンス預金から預貯金への動きも出るでしょう。

今後、金利がさらに上昇するとなれば、景気の動向を見ながらともなりますが、**低金利のうちに設備投資を積極化する企業**も出てくると思います。

逆に、低金利によって恩恵を受けていたところは、金利が上がると不都合な面も出てくるかもしれません。

債務が大きいところ、特に巨額の国債発行を行っている政府への影響も出てくるでしょう。ただし、これによって財政規律がより重視され、国債への信認を保てるという利点も出てきます。

金利が上がれば、個人にも住宅ローンなどに影響が出ると予想されます。私たちは、金利は動くもの、下がるだけでなく上がるものとの認識を改めて持つ必要があります。

少なくとも、17年ぶりに金利が引き上げられたという事実を意識する必要があります。

▷ マイナス金利が解除されたため、預貯金などにも金利が付くようになる
▷ 金利は上下するものであるという認識を持つのが大切

9-4 今後の金利の動きはどうなるか

マイナス金利は解除されましたが、まだまだ正常化とは言えない状況です。次なる金融政策はどのようなものか、正常化とはどういう状況かを考えましょう。

　日銀の**植田和男総裁**は、**マイナス金利解除**後、朝日新聞の単独インタビューに応じています（2024年4月5日）。

　その話の中で、物価上昇率2％目標の達成に向けた「確度」がさらに高まれば、追加利上げを検討するという考えを示しました。

　今後については、「夏から秋にかけて春闘の結果が物価にも反映されていく中で、目標達成の可能性がどんどん高まっていく」と発言しています。

追加利上げはあるのか？

　日銀は今後も淡々と利上げを進めてくることが予想されます。

　景気を刺激も抑制もしない中立的な政策金利水準は、中立金利とも呼ばれます。その水準がどこにあるのかを測定するのは難しいですが、日本における中立金利は最低でも1％程度との見方があります。

　日銀はこの1％に向けて利上げを行うと私は予想しており、2025年内にもさらなる政策金利の引上げがあると見ています。

　3月19日に植田総裁は**普通の金融政策**に戻したと指摘していました。

たしかに異常な緩和策からは脱したのですが、正常化という表現は使っていません。つまりまだ正常化には距離があることを示していたとみられます。

このため、さらに歩を進めることが予想され、その二歩目が7月の政策金利0.25％への追加利上げとなりました。

本当の意味での金融政策の正常化

賃上げは、日銀の金融政策の目標にはありません。

それにもかかわらず、日銀が普通の金融政策に戻すにあたっての大義名分に賃上げを持ってきました。ひとつの目標値となってしまうのは致し方ないかもしれません。

しかし、あまりそれに縛られると、さらなる自由度を失うことも考えられます。

いずれにしても植田総裁の発言もあり、年内に0.50％の追加利上げの可能性は十分あると考えられます。

もちろん、その後の追加利上げの可能性も十分あり得ます。注目すべきは**政策金利**を**0.75％**まで引き上げられるかどうかであると私は見ています。

その理由は、17年前の最後の利上げ*が0.5％で止まってしまっていたからです。

本当の意味での正常化とは、0.75％を超えた水準までの政策金利の引上げが実施されたとき、とみて良いのかもしれません。

*17年前の最後の利上げ
216ページ参照

▶金融政策の正常化にはまだまだほど遠い

▶追加利上げの可能性は十分にある。0.75％を超えたら、ひとまず正常化と言えるのではないか

おわりに
金利のある新たな世界へ

2024年3月19日、日銀は普通の金融政策に戻しました。
でもこれは、金融政策の正常化に向けた一歩にすぎません。
今後は、物価に応じた政策金利の修正が必要です。また、異次元緩和の負の資産ともいうべき、膨れ上がった日銀のポートフォリオの縮小化も行わなければいけません。

開始されたポートフォリオの縮小化
6月14日の金融政策決定会合では、市場参加者の意見も確認し、「次回金融政策決定会合において、今後1〜2年程度の具体的な減額計画を決定する」としました。

7月31日には、長期国債買入れの減額について、「月間の長期国債の買入予定額を原則として毎四半期4,000億円程度ずつ減額し、2026年1〜3月に3兆円程度とする計画」を決定しました。

日銀が保有する国債は、買入額を減額すれば、保有額も減っていきます。国債には償還があるためです。
償還分以上を購入しなければ、全体は減少します。

このように、膨れ上がった日銀のポートフォリオの縮小化はすでに開始されています。
もちろん、日銀の代わりに国債を保有する投資家も必要となるなど、大胆な削減はなかなか難しい面もあるでしょう。

日銀には、国債の買入れだけでなく売却という手段もあります。とはいえ、債券市場へのインパクトなどを考慮すると、この手段は取りにくいのも確かです。

ETFの売却でポートフォリオを縮小させる方法もあります。
　償還のある国債に対して、ETFやREITは償還がありません。そのため、新規の買いをなくしても、残高は残り続けます。
　日経平均株価が過去最高値を更新する中、「日銀保有のETFを売却して利益を確定させてもいいではないか」という議論もある理由はこれです。
　もちろん、売却株式市場へのインパクトなどもあり、これも簡単ではありません。しかし、売却を含め何らかの手段で保有するETFなどの残高を減少させるしくみを検討する必要があるでしょう。

今後の金利はどうなる？

　私たちは、金利がない時代を長く経験してしまいました。
　金利の引上げに慎重にならざるを得ない状況であることも理解できます。
　それでも金融政策は正常化への歩みを止めるわけにはいきません。

　政策金利は今後、数回にわたって利上げされる可能性が高いでしょう。
　物価は2022年4月から前年比2％超えとなっています。政策金利を1％以上に引き上げても、何ら不思議ではありません。

　長期金利は、日銀による国債の大量の買入れが継続している限り、実際よりも1％程度は抑えられているという見方があります。今後は、日銀の国債の買入減額などによって、長期金利が1％を大きく超えてくることが考えられます。

過去の事例が参考にならない新たな世界

　金利ある世界とは、どのようなものなのでしょうか。
　それを知らない世代にどう伝えたら良いのでしょうか。
　金利ある世界を経験していない世代には、想像したり、理解したりするのが難しいかもしれません。

　金利ある世界を知る世代にとっても、金利を取り巻く状況は大きく変わっています。今後の長期金利の動向について、過去の事例はあまり参考にならない可能性があります。

　まず、日銀からの強い干渉による後遺症があります。
　国債の残高が1990年の166兆円に対して、すでに1,000兆円を超えているなど、国債市場を取り巻く状況も様変わりしています。

　つまり、私たちがこれから迎えるのは、誰も経験したことがない、新たな「金利ある世界」であるかもしれないのです。
　私たちは、その新たな「金利ある世界」にどう対応していくべきなのでしょうか。
　考えるにあたってこの本が少しでも参考となれば幸いです。

　　　　　　　　　　　　　　　　　　　　　　2024年9月23日
　　　　　　　　　　　　　　　　　　　　　　久保田 博幸

久保田博幸（くぼた・ひろゆき）

1958年神奈川県生まれ。慶應義塾大学の法学部政治学科を卒業後、証券会社の債券部で14年にわたり、主に国債の債券ディーリング業務に携わった。その間、1996年に債券市場のホームページの草分けとなる「債券ディーリングルーム」を立ち上げる。幸田真音のベストセラー小説『日本国債』の登場人物のモデルとなっている。

専門は日本の債券市場についての分析であり、特に日本の国債と日本銀行の金融政策に関する深い知識を持っている。現在は、ヤフーで金融アナリストとして記事を投稿しており、「牛さん熊さんの本日の債券」というメールマガジンも定期的に発行している。日本アナリスト協会の認定会員でもある。

主な著書は『イラスト図解　知っているようで知らない　国債のしくみ』（池田書店）、『最新　債券の基本とカラクリがよ〜くわかる本』（秀和システム）、『日本国債先物入門』（パンローリング）、『聞け！是清の警告　アベノミクスが学ぶべき「出口」の教訓』（すばる舎）など。

編集協力	野村佳代（アスラン編集スタジオ）
本文デザイン	伊延あづさ、佐藤純（アスラン編集スタジオ）
本文イラスト	吉村堂（アスラン編集スタジオ）
カバーデザイン	三森健太（JUNGLE）
カバーイラスト	吉村堂（アスラン編集スタジオ）
校正協力	文字工房燦光

イラスト図解
知っているようで知らない
金利のしくみ

著　者	久保田博幸
発行者	池田士文
印刷所	萩原印刷株式会社
製本所	萩原印刷株式会社
発行所	株式会社池田書店
	〒162-0851
	東京都新宿区弁天町43番地
	電話 03-3267-6821（代）
	FAX 03-3235-6672

落丁・乱丁はお取り替えいたします。
©Kubota Hiroyuki 2024, Printed in Japan
ISBN 978-4-262-17490-7

[本書内容に関するお問い合わせ]
書名、該当ページを明記の上、郵送、FAX、または当社ホームページお問い合わせフォームからお送りください。なお回答にはお時間がかかる場合がございます。電話によるお問い合わせはお受けしておりません。また本書内容以外のご質問などにもお答えできませんので、あらかじめご了承ください。本書のご感想についても、当社HPフォームよりお寄せください。

[お問い合わせ・ご感想フォーム]
当社ホームページから
https://www.ikedashoten.co.jp/

本書のコピー、スキャン、デジタル化等の無断複製は著作権法上での例外を除き禁じられています。本書を代行業者等の第三者に依頼してスキャンやデジタル化することは、たとえ個人や家庭内での利用でも著作権法違反です。